Santos para Hoy

Jerome K. Williams

Augustine Institute

Greenwood Village, CO

Augustine Institute
6160 S. Syracuse Way, Suite 310
Greenwood Village, CO 80111
Tel: (866) 767-3155
www.augustineinstitute.org

Diseño de la portada: Devin Schadt
Imagen de la portada: © Restored Traditions. Usada con permiso.

Contenido

Prólogo

No hay santos cortados con el mismo molde. Los santos son la prueba viva de que Dios nos ha hecho a cada uno de nosotros a su propia imagen y completamente únicos. El sentido de este carácter distintivo puede perderse al leer acerca de los santos. Al comienzo, todos parecen iguales: en la oración y la penitencia, en los milagros y en las frases o los sumarios devotos de sus enseñanzas que rozan en lo obvio.

No es así con los *Santos para Hoy*.

En las páginas siguientes, se describen cuatro santos que se comprometieron por completo con Cristo y su Iglesia y sin embargo fueron totalmente diferentes. Son testimonios de la singularidad de todos los seres humanos, una singularidad que se va revelando a medida que el santo concuerda con Cristo.

Aquí no hay frases trilladas que podrían aplicarse a todas las personas santas que hayan vivido. Cada descripción cobra vida como la historia de un individuo. En pocas páginas, uno comprende qué significa para Francisco Javier recorrer el mundo con un espíritu misionero. Aprendemos a entender la conversión de Ignacio de Loyola, de soldado a peregrino. Podemos vislumbrar el alma mística de santa Teresa y la increíble resiliencia de san Juan de la Cruz. Leer estos relatos es una especie de retiro. Brinda una oportunidad para reflexionar sobre nuestro amor a Dios, nuestra vida de oración y la misión que Dios nos ha asignado a cada uno de nosotros a la luz de nuestros maestros espirituales.

En *Santos para Hoy*, vemos las misiones de estos santos en relación con las necesidades de la Iglesia y del mundo. De hecho, el diagnóstico de las épocas enseña algo profundo acerca de la Iglesia y del mundo, que nos permite ver cómo el espíritu del santo satisface las necesidades características del momento. En ello encuentra el lector una aplicación contemporánea, pues se pregunta: ¿dónde están los santos que Dios está formando hoy, a quienes yo pueda seguir?

Aunque cada uno de estos santos se destaca por su singularidad, me ha impactado una constante en todos ellos. Cada uno se comprometió profundamente con la humilde y difícil tarea de servir a Cristo en los pobres y los necesitados. Todos prestaron servicios en hospitales—un tipo de instituciones muy diferente entonces de lo que son ahora—o durante plagas. Y entregaron generosamente sus pertenencias y su tiempo a los pobres, no en forma ocasional como un tipo de recreación espiritual o como una responsabilidad obligatoria, sino como una expresión de amor que emerge de su vida de discipulado. Esto presenta un desafío para cada uno de nosotros que estamos buscando nuestro camino por la senda de la santidad: ¿amamos a Cristo en los pobres?, ¿cuánto nos cuesta eso?

Estos santos no fueron personas perfectas. Muchos de sus planes no dieron resultado; de haber tomado algunas de sus decisiones de otro modo, ciertamente podrían haber obtenido un mejor efecto. Fueron hombres y mujeres reales, no idealizaciones. Continúan siendo ventanas a Dios y su trascendente amor se pone de manifiesto, pero no de una manera que los haga ver raros. Más bien son como nosotros y como tales nos inspiran, ya que podemos atrevernos a creer que, si se parecen a nosotros, entonces nosotros podemos parecernos a ellos.

Y aquí yace el verdadero poder del libro. Pues en el relato sobre cada santo, uno se ve inclinado a observar su propia vida y preguntarse: ¿cuál es la misión que también yo, si dijera sí a la invitación radical a la santidad, debo cumplir en esta época, una época necesitada de reforma verdadera? En síntesis, este libro es una invitación no solo a aprender acerca de nuestros grandes hermanos en la fe, sino a tener abiertos los ojos y a redoblar nuestro compromiso con la vida de amor y servicio a la cual Dios nos ha llamado.

Jonathan J. Reyes
Director ejecutivo del Departamento de Justicia,
Paz y Desarrollo Humano de la USCCB
(siglas en inglés de la Conferencia de Obispos Católicos
de Estados Unidos)

Introducción

"Los hombres han de ser trocados por la religión;
no la religión por los hombres."

—Egidio de Viterbo, V Concilio de Letrán, 1512

Los santos son la gloria de la Iglesia. Son la expresión más clara de la misión divina de la Iglesia y de su poder transformador de la vida, y son el signo de esperanza más seguro para aquellos que recorren el camino de regreso en su compañía.

Una pregunta que se hace con frecuencia es si el cristianismo "funciona". ¿Se pueden creer sus declaraciones? ¿Ha cumplido sus promesas? ¿Representa un intento exitoso de ordenar los asuntos humanos? En estos días, con frecuencia, la respuesta rápidamente devuelta es "¡no!". Nuestra época es profundamente consciente y sumamente crítica de los pecados y las faltas de tiempos pasados, ocasionalmente hasta con precisión. Hay muchos que se muestran en desacuerdo con la Iglesia, asegurando que el cristianismo ha sido un fracaso. Su caso está bien preparado. Para empezar, miran los períodos de supuesta sociedad cristiana: no necesitamos atravesar la letanía de presuntas faltas, desde las cruzadas hasta la Inquisición y hasta Galileo; se las repite tan frecuentemente que se han vuelto eslogans. Luego, miran la historia de la Iglesia institucional en sí misma. A menudo, entre los líderes de la Iglesia—obispos, sacerdotes, monjes y monjas—, no es difícil encontrar ejemplos de avaricia, sensualidad y deseo de poder. Aun donde no son evidentes pecados más

1

flagrantes, frecuentemente acecha un espíritu de estrechez de miras, mezquindad y egoísmo, en lugar del espíritu magnánimo, noble y generoso prometido por el Evangelio. ¿Qué sucedió con el alto ideal cristiano de restaurar todas las cosas, de formar un nuevo tipo de ser humano, de participar del poder divino, de amarse los unos a los otros con ayuda sobrenatural? La mirada luego se desplaza al presente. Es fácil encontrar ejemplos de mal comportamiento entre los católicos, desde la escandalosa actividad de los sacerdotes que se portan mal hasta la menos sensacional pero más común experiencia de indiferencia e hipocresía entre los laicos. ¿No apunta todo esto a una idea fracasada? Sin embargo, por más que admiremos la personalidad de Jesús y sean cuales fueran las cualidades positivas que pueda poseer la visión teórica del cristianismo, ¿no se ha mostrado la Iglesia a sí misma incapaz de hacer realidad lo que tan elocuentemente profesa?

Un aspecto esencial de la Iglesia tal como la fundó Cristo es que es una institución divina y humana a la vez. Esta combinación de humanidad y divinidad, una mezcla que a las personas espiritualmente sensibles con frecuencia les ha parecido ofensiva, es la manera que Dios prefiere. Adopta el tema en todo lo que hace, entretejiendo de maneras indescriptibles materia y espíritu, lo mortal y lo inmortal, al Creador y la criatura, en todas sus grandes obras. Esta mezcla se puede ver en su concepción del humano, este extraño ser compuesto de cuerpo y espíritu, limitado por el tiempo y el espacio, pero que tiene una capacidad y un correspondiente anhelo por un destino divino. El tema se hace visible en la manera en que Dios presenta su palabra escrita, las Sagradas Escrituras, escritos con formas y lenguajes variados producidos durante más de mil años, redactados por muchas manos y mentes diferentes—todos procesos muy humanos—, pero que, sin embargo, tienen la autoría del Espíritu Santo, y que poseen una cualidad divina y una autoridad diferente de la de cualquier otro libro. El tema se expresa con más contundencia, incluso de manera sorprendente, en la unión del Hijo divino de Dios, el Logos Eterno, con un ser humano específico en un tiempo y un lugar particulares, Creador y criatura entrelazados en una unidad misteriosa. Y el tema toma forma en la Iglesia, una institución visible con un aspecto humano de todo tipo posible—gubernamental, relacional, cultural, económico, organizacional—compuesto y mantenido por hombres y mujeres con defectos, pero, misteriosamente, el verdadero Cuerpo de Cristo presente en el mundo.

Los santos nos han sido dados para percibir el misterio en acción. Es en su resplandeciente ejemplo que las promesas de Dios de renovar al género humano se hacen más visibles.

Esta comprensión del verdadero estado de la humanidad puede ayudar a evaluar una corriente popular de pensamiento que dice que el cristianismo es un fracaso. Gran parte de la intensidad de este sentimiento proviene de la actitud utópica esencial de la mayoría de nuestros contemporáneos. Al haber negado el Pecado Original, a nuestra sociedad se la deja pensar que en verdad podemos arreglar fundamentalmente el mundo. Entonces, nos disponemos a erradicar la injusticia, la avaricia, la sed de poder, el tráfico de humanos, hasta la tristeza y la soledad, y proponemos nuestros planes para crear un mundo de paz, felicidad y justicia. Visto desde este enfoque, se considera que el cristianismo es uno entre un número de programas diseñados para cumplir estos objetivos utópicos y, desde este punto de vista, los resultados de dos mil años de cristianismo están lejos de ser apabullantes. Difícilmente se puede negar la influencia de la Iglesia en culturas y civilizaciones enteras; sin embargo, no parecemos estar más cerca de nuestro paraíso imaginado de lo que estábamos antes de que Cristo llegara. Por consiguiente, se juzga al cristianismo como un fracaso, porque no ha erradicado decisivamente los males que nos han asolado.

Pero esto es un profundo malentendido de lo que el cristianismo ha pretendido hacer y ser. Cristo no vino para convertir la tierra en un paraíso; no todavía. Los cristianos nunca han creído que todo el mal, o incluso su mayor parte, pudiera ser vencido en la época actual del mundo. Cristo vino para dar "testimonio de la verdad" (Jn 18, 37) y, desde el comienzo de la historia de la salvación, no hay gran evidencia de que los humanos en su conjunto hayan deseado la verdad. En el nacimiento de Jesús, Simeón dijo de él que traería "caída o resurrección" y que sería una señal de contradicción (Lc 2, 34). La Iglesia lleva a cabo su misión cuando es fiel a su Fundador, cuando da testimonio de la verdad de Cristo y cuando ayuda a los que desean a Cristo a lo largo de un camino de curación y de esperanza en un Reino venidero. Jesús mismo no fue universalmente aclamado y honrado; todo lo contrario.

Entonces, ¿cómo se va a evaluar más claramente el éxito o el fracaso de la Iglesia? La medida de su éxito se encontrará en las personalidades de los santos, sus miembros más fieles y más representativos. Los santos son aquellos que resucitan con Cristo; son los ejemplos de la clase de transformación posible para aquellos que desean creer en la palabra del Médico Divino y que están dispuestos a seguir sus prescripciones. Son una señal segura de la presencia continua de Cristo en el mundo.

En asuntos de reforma, los santos son, una vez más, decisivos. La verdadera reforma es una cuestión de recuperar y mantener la verdadera imagen de Cristo, y el verdadero reformador es aquel que expresa más plenamente la imagen de Cristo en todas las facetas de la vida. Se ha dicho que la Iglesia no es una democracia; a menudo llega casi como una acusación de que la Iglesia no resuelve asuntos de verdad, justica o bondad mediante el voto de la mayoría. Pero si la Iglesia no es una democracia, tampoco es una monarquía, no en el sentido habitual de esa palabra. En verdad, Cristo es el Rey, la Cabeza de su Cuerpo y, en ese sentido, la Iglesia es gloriosamente monárquica. Pero, al poner la realeza de Cristo en acción a través de los ministerios de sus siervos, en lo que se refiere al sistema de gobierno, al hacerse camino en el mundo, al resolver los muchos problemas y desafíos que enfrenta en un entorno humano que cambia constantemente, la Iglesia no funciona ni como una monarquía ni como una democracia. Avanza misteriosamente como una especie de oligarquía de la influencia de los santos. En definitiva, cuando el polvo del momento frenético se asiente, cuando las líneas generales de la vida de la Iglesia se puedan trazar en el tiempo, surge una verdad extraordinaria. La Iglesia no ha simplemente recorrido el camino de sus papas, o sus obispos, o sus teólogos, o sus concilios, o de la mayoría de sus miembros creyentes. En cambio, la Iglesia ha seguido a sus santos; y cuando ha seguido a papas, obispos o teólogos, lo ha hecho muy especialmente cuando ellos eran santos o porque estaban siguiendo las huellas marcadas por santos. Se descubrirá que la Iglesia ha seguido muy de cerca, por un inefable sentido espiritual, a aquellos notables respondedores a la gracia de Dios. "Sigan mi ejemplo, como yo sigo el de Cristo", les dijo san Pablo a los corintios

(1 Co 11, 1). Así lo hicieron los corintios; y así lo ha hecho la Iglesia a lo largo de los siglos, imitando a los que seguían el ejemplo de Cristo, los santos.

Esto significa que si queremos comprender la esencia de la Iglesia, necesitamos familiarizarnos con sus miembros más característicos, los santos. Si queremos evidencia del poder transformador del Evangelio, deberíamos buscar en la vida de aquellos que tomaron el Evangelio más seriamente: los santos. Si queremos entender la naturaleza de la verdadera reforma, encontraremos su patrón en la vida y la enseñanza de los verdaderos reformadores de la Iglesia: los santos.

El siglo XVI, la época en la que vivieron los santos reformadores registrados en este libro, fue para Europa una era de profundo cambio. El sistema medieval al que había pertenecido durante muchos siglos se estaba desintegrando. La sociedad europea se veía alterada de maneras significativas—demográfica, económica, política y geográficamente—en un proceso que ponía una gran presión en las instituciones existentes. Las poblaciones crecían rápidamente y estaba emergiendo una nueva clase media educada y alfabetizada. En las cortes de las monarquías europeas, se reunían nuevos centros de poder cultural y político. La invención de la imprenta hizo fácilmente accesibles las Sagradas Escrituras y otros escritos espirituales, y abrió el apetito de la época por una claridad y una coherencia teológica mayor. Un encuentro renovado y profundizado con la civilización clásica a través de la recuperación de muchos textos antiguos fue creando un fermento en la mente de la época. Muchas áreas de la vida estaban demandando un estándar más alto; en particular, el área más importante de todas: la religión. Al mismo tiempo, la cristiandad se veía en apuros para protegerse de un Imperio otomano cada vez más poderoso y, a la vez, estaba desafiada y embriagada al tener ante sí los mundos de Asia y las Américas. En medio de este cambio bullente, la institución clave de la sociedad, la Iglesia, al tener la necesidad urgente de una reforma. Los antiguos patrones ya no funcionaban; los antiguos acuerdos que alguna vez habían sido útiles se mostraban ineficaces o viciados. Durante varias generaciones, creyentes totalmente serios habían expresado el llamado: "¡Reforma en la cabeza y en los miembros!".

Los historiadores han observado que las revoluciones ocurren con mayor frecuencia no cuando las cosas están en lo peor de lo peor, sino más bien durante las épocas de expectativas crecientes. En tales épocas, lo que antes había sido, al menos, un adecuado estado de los asuntos, ya no satisfacía los estándares más altos de una nueva era. El siglo XVI fue época de expectativas crecientes en materia religiosa y de una pérdida de paciencia con los problemas en el sendero de la reforma. Fue época de profunda fe religiosa y gran fermento religioso, de personalidades fuertes y extravagantes que respondían a Dios en medio de las circunstancias de su tiempo de maneras que siguen influyendo en la Iglesia y el mundo hasta la actualidad.

Entre las más notables de estas personalidades estaban los cuatro santos de este volumen, cuyas vidas ejemplifican la manera en que la reforma de la Iglesia fue impulsada por hombres y mujeres laicos, sacerdotes, contemplativos, obispos y papas. Ver cómo respondieron a los desafíos de su tiempo nos ayudará a comprender las épocas en las que vivieron, y más que eso, con suerte, será una inspiración y una fuente de sabiduría para cumplir con las exigencias de nuestra velozmente cambiante y altamente desafiante era.

Capítulo uno

San Ignacio de Loyola

"¡Vayan y enciendan el mundo!"

Para los americanos, el año 1492 es famoso por ser cuando Colón, navegando bajo el patrocinio de la corona española, descubrió el Nuevo Mundo. Sin embargo, tiene otra importancia en la historia de España. Fue el año de la expulsión definitiva de los moros de la península ibérica, el último acto de un drama que se había desarrollado por siglos, y que marcó el comienzo de lo que se ha llamado *el Siglo de Oro*. Primero bajo el correinado de Fernando e Isabel y luego durante el reinado de Carlos V, España surgió como el reino más poderoso de Europa y la primera potencia del mundo. Los españoles crearon un vasto imperio que controlaba grandes porciones de Europa y gobernaba territorios desde América Latina y África hasta las Filipinas, en Asia Oriental. Durante aquellos años, el ejército español era prácticamente invencible. Pero no solo en la vida política, sino que en todas las áreas de la actividad cultural, la España del siglo XVI vio un florecimiento extraordinario. Fue la época de El Greco y Velázquez en la pintura, de Cervantes y Lope de Vega en la literatura, y de Tomás de Victoria en la música. Fue un tiempo de crecimiento de las universidades y de enormes desarrollos en muchas ramas del aprendizaje. El pueblo español estaba orgulloso: orgulloso de su talento militar, de sus costumbres caballerescas, de sus logros culturales y de su lealtad a la fe católica. Habiendo forjado su identidad nacional y religiosa durante siglos de lucha, típicamente perseguía sus objetivos con gran energía, valor y determinación. Un carácter nacional de este tipo podía ser un arma de doble filo. Podía, de no redimirse, producir al conquistador jactancioso o al cortesano arrogante. Pero, cuando lo transformaba el amor de Dios, podía también resultar tierra fértil para un tipo de santidad muy elevada.

Una verdad sobre los santos es que ellos trascienden la época en la que viven. Cada generación vuelve a descubrirlos y halla nueva inspiración en su vida y en su ejemplo. Sin embargo, también es cierto que los santos son personajes humanos integrados en las posibilidades y las limitaciones de sus tiempos. No son prodigios raros ajenos al espíritu de su época, sino hombres y mujeres que, por su contribución a la iniciativa de Dios, han permitido que su personalidad entera y todos los elementos de la cultura que han heredado reciban el toque de la gracia y con ello se eleven y purifiquen. En la vida de los santos, como en todo lo demás, la gracia se edifica a partir de la naturaleza.[1] Esta verdad está claramente en acción en la figura de Ignacio de Loyola. Él fue un hidalgo español de ascendencia vasca y, en muchos aspectos, su acercamiento a Dios y a la vida espiritual reflejó este antecedente. Al mismo tiempo, bajo la transformadora mano de Dios, las cualidades propias de su país y su clase cobraron en Ignacio un significado universal.

Íñigo nació en 1491 como el menor de trece hermanos en el ancestral castillo de los Loyola, una familia vasca de

---

[1] Cf. Tomás de Aquino, *Summa Theologiae*, Parte 1, 1:8: "la gracia no destruye la naturaleza, sino que lleva a plenitud sus potencialidades".

nobleza inferior. (El nombre de Ignacio lo tomaría más adelante en su vida, quizás imitando al mártir Ignacio de Antioquía). Del inicio de su vida tenemos pocos detalles, más allá de unos cuantos recuerdos sobrevenidos muchos años después. Alrededor de los quince años, prestó servicios como paje en la casa de un pariente que tenía un cargo importante en el reino de Castilla. Pasados los veinte años, entró en el servicio militar bajo el mandato del virrey de Navarra. A Ignacio la vocación militar le llegó de manera natural, pues provenía de una familia de soldados. Uno de sus hermanos murió luchando en la Ciudad de México, un segundo en Nápoles y un tercero contra los turcos en Hungría. Ignacio absorbió profundamente el espíritu de su tiempo y su lugar, y puso delante de sus ojos el ideal del hombre consumado del mundo: superficial y galante, preocupado por la gloria militar y las atenciones a las damas de moda. Su breve comentario en su *autobiografía* (en la que habla de sí mismo en tercera persona) observa simplemente que "fue un hombre dado a las vanidades del mundo con un grande y vano deseo de ganar honra".[2] En su calidad de militar para el virrey, en el año 1521, tuvo la tarea de liderar la defensa de la fortaleza de Pamplona contra un ataque francés. Fue característico del hombre insistir en defender el fuerte aun cuando sus compañeros de armas lo creyeran indefendible. En medio de la batalla, lo alcanzó una bala de cañón que le quebró gravemente una pierna y le hirió la otra. Con su valiente capitán derribado, la defensa del fuerte colapsó y sus corteses captores franceses lo enviaron a pasar su convalecencia

---

[2] Ignacio de Loyola, *Autobiografía de San Ignacio de Loyola*, texto recogido por el P. Luis Gonçalves da Cámara entre 1553 y 1555, Capítulo I, 1. (www.jesuitasdeloyola. org/imgx/textos/autobiografia.pdf).

en la casa de su padre. Su insistencia en que le curaran la pierna sin estropear su aspecto lo llevó a afrontar una serie de dolorosas operaciones y, a veces, hasta lo puso en riesgo de muerte. Tenía treinta años y su vida estaba a punto de tomar una dirección radicalmente nueva.

Para pasar el tiempo durante su convalecencia, Ignacio pidió que le proporcionaran libros de romances caballerescos. Pero en el castillo no había nada de lo que él quería, entonces optó por leer dos libros religiosos: *La vida de Cristo*, del monje alemán Ludolfo de Sajonia, y *La leyenda dorada*, una recopilación de la vida de los santos. Al confrontarse con la personalidad de Cristo y las grandes hazañas de los santos, Ignacio se conmovió profundamente. Todo el caballeresco instinto español y el deseo de gloria que corrían en él con tanta firmeza se vieron captados y exacerbados; a su anterior deseo de honores mundanos lo reemplazó una determinación de hacer grandes cosas por su verdadero Rey y así ganar la honra en el Cielo. "Porque, leyendo la vida de nuestro Señor y de los santos,"—recordaba Ignacio más adelante—"se paraba a pensar, razonando consigo: '¿qué sería, si yo hiciese esto que hizo San Francisco, y esto que hizo Santo Domingo?'".[3] Se llenó de aborrecimiento por su vida pasada y decidió hacer penitencia como peregrino. Fue el comienzo de un largo viaje que finalmente tendría un gran efecto tanto en la Iglesia como en el mundo.

El año 1521 se destacó no solo por la conversión de Ignacio. Fue el año en el que Hernán Cortés, un hombre de aproximadamente la misma edad y procedencia social que Ignacio, completó la conquista de Tenochtitlán y el Imperio Azteca, lo cual dio comienzo a un nuevo capítulo en la historia

---

[3] *Ibíd*, Capítulo I, 7.

española y europea. Fue también el año en el que Martín Lutero, habiendo escrito tres panfletos muy leídos contra la Iglesia Católica, se negara a retractarse de su posición ante la asamblea imperial general, o Dieta, en Worms, iniciando así efectivamente la Reforma protestante. Estos sucesos trascendentales contribuyeron mucho para dar forma al mundo en el que Ignacio lanzaría sus considerables energías como misionero y reformador de la Iglesia. Más tarde dijo que no creía "haber abandonado el servicio militar, sino haberlo consagrado a Dios".

La vida de Ignacio luego de su conversión puede dividirse convenientemente en tres partes o fases, cada una de las cuales tiene su especial importancia. La primera fase, que comenzó tan pronto como se produjo su conversión, duró unos tres años. Incluyó el tiempo de su convalecencia, el año que permaneció en Manresa y su peregrinaje a Tierra Santa. Fue un período de una vida interior intensa: largas horas de oración, rigurosas obras de penitencia y purificación, e increíbles experiencias místicas. La segunda fase, de unos catorce años, fue una prolongada etapa de estudio y actividad apostólica durante la cual Ignacio reunía grupos de hombres a su alrededor, primero en Barcelona, luego en las universidades de Alcalá, Salamanca y París, y durante un breve tiempo en Venecia. Fue un período de perfeccionamiento de su método de evangelización y de significativa oposición a su apostolado. La fase final empezó con su regreso a Roma en 1538 e incluyó la fundación de la Compañía de Jesús dos años después y sus obligaciones de gran envergadura como general de la orden, una tarea que concluyó solo con su fallecimiento en 1556.

La primera fase: Dios le enseña a Ignacio

Una regla de la vida espiritual, práctica y cumplida a lo largo del tiempo, dice que uno debe ser cauteloso a la hora de imitar a los santos. Su fe, sus virtudes y su rendición a la Voluntad Divina son ejemplos para todos los creyentes. Pero los patrones particulares de la vida de ellos y la forma específica en la que son llamados a responder a la iniciativa providencial son a menudo excepcionales e idiosincráticos. Lo que es excelente en la vida de un santo puede no ser prudente o loable en cada creyente. Debemos recordar esta regla al analizar la vida de san Ignacio.

Desde el primer momento de su conversión, Dios trató a Ignacio de una manera especial. La singularidad no fue tanto en la conversión en sí misma. Sin duda, fue un hecho dramático pasar de soldado a peregrino como lo hizo Ignacio, dejando atrás familia, ambiciones mundanas, estatus social y posesiones para seguir a Cristo. Aunque muchos otros, atraídos por la belleza y el amor de Dios, han alterado su vida de maneras igualmente drásticas. Cuando Pedro y Juan abandonaron sus redes y su negocio de pesca para seguir a Jesús, crearon el patrón interior de toda conversión verdadera. Lo que distinguió los primeros años de la conversión de Ignacio fue el grado hasta el cual Dios se hizo cargo de él y le enseñó profundas verdades espirituales y pastorales, incluido todo el ciclo de la doctrina católica, sin que casi no mediara ayuda alguna de los demás. Ignacio llegó a darse cuenta de esto por sí solo. De aquellos primeros años, dijo posteriormente: "En este tiempo le trataba Dios de la misma manera que trata un maestro de escuela a un niño, enseñándole;…claramente él juzgaba y siempre ha juzgado que Dios le trataba desta manera".[4]

Hubo un claro propósito providencial en la conversión de Ignacio. Al igual que san Pablo, Ignacio fue un instrumento que Cristo eligió para utilizarlo en aras de una gran misión apostólica. Como Pablo, tenía una personalidad fuerte y una voluntad férrea, pero estos atributos estaban ejerciéndose en una dirección equivocada. Como a Pablo, el Espíritu Santo le enseñó el Evangelio como preparación para esa misión. Sobre su propia recepción de la fe, una vez Pablo escribió: "Les recordaré, hermanos, que el Evangelio con el que los he evangelizado no es doctrina de hombres. No lo he recibido de un hombre, ni me fue enseñado, sino que lo recibí por una revelación de Cristo Jesús". (Gál 1, 11–12). Aunque nunca reivindicó ninguna autoridad profética o apostólica, Ignacio hablaba de manera parecida acerca de cómo él había recibido el Evangelio. Más adelante relató una experiencia de este tipo de cuando había estado en Manresa: "Y estando allí sentado se le empezaron abrir los ojos del entendimiento; y no que viese alguna visión, sino entendiendo y conociendo muchas cosas, tanto cosas espirituales, como cosas de la fe y de letras". Junto con esta experiencia de entendimiento infundido, Ignacio recibió visiones de Cristo, de Nuestra Señora y de la Santísima Trinidad que le inculcaron muy profundamente estas verdades, tal como dijera más tarde: "si no huviese Escriptura que nos enseñase estas cosas de la fe, él se determinaría a morir por ellas, solamente por lo que ha visto".[5]

El efecto de estas visiones y gracias divinas se hizo evidente en la forma en que Ignacio comenzó, inmediatamente

---

[4] *Autobiografía*, Capítulo III, 27.
[5] *Ibíd*, Capítulo III, 30, 29.

después de su conversión, no sólo a hablar de su recién descubierta vida, que habría sido bastante natural, sino a guiar a los demás con toda confianza como maestro de la fe y director de almas. A la distancia en el tiempo y conociendo su curso futuro, parece obvio que Ignacio rápidamente se convertiría en un guía espiritual. Pero si lo vemos como lo habrían visto sus coetáneos, la singularidad de su comportamiento es más llamativa. Aquí estaba un hombre que había pasado sus primeros treinta años persiguiendo nada más que intereses mundanos. Había arrojado toda su energía en la adquisición de fama y de una carrera prestigiosa, y sus gustos y afectos se habían moldeado con ese patrón. No hay duda de que era católico, pero de los que lo son por herencia y que, aunque están familiarizados con las prácticas culturales de la Iglesia, las ven como meras convenciones sociales. Había recibido muy buena capacitación en las artes militares y en las exigencias de la vida social, pero poca educación en otras áreas. No sabía casi nada de teología. Este mismo hombre tiene entonces un encuentro impresionante con Cristo y se determina a cambiar el curso de su vida. Necesariamente tiene una ardua tarea frente a sí, la tarea de todo converso que se haya dedicado a forjar su carácter alejado de la voluntad de Dios. Tendrá que olvidar hábitos arraigados durante muchos años. Tendrá que desarrollar un nuevo conjunto de sentidos espirituales para cobrar vida ante realidades invisibles. Tendrá que aprender algo del rico cuerpo de la doctrina y la práctica que todo católico serio adopta. Podrá esperar que, por más que cuente con la ayuda de Dios, esto requerirá tiempo y mucho trabajo, y necesitará de buenos maestros y mentores que lo ayuden en el camino.

Pero, bajo el impulso de la gracia, Ignacio toma una senda completamente diferente. Aunque busca mentores espirituales, no logra hallar a nadie que satisfaga sus necesidades. En vez de eso, se involucra en una intensa experiencia solitaria de ser formado directamente por la mano de Dios, educado en las verdades de la fe, en los principios de la oración y en las reglas del discernimiento. Luego, con confianza, toma a otros bajo su ala como maestro espiritual y les enseña lo que ha aprendido, a pesar de que él es un mero principiante en la vida espiritual. Esta clase de comportamiento caracterizaría típicamente a un neófito demasiado apasionado con más entusiasmo que conocimiento. Pero este no fue el caso de Ignacio. A pesar de ser un lego sin instrucción, exhibía un conocimiento seguro de las verdades doctrinales y morales de la fe. El novedoso método de conversión y discipulado que desarrolló durante estos años solitarios, los así llamados Ejercicios espirituales, enseguida llegaron a ser reconocidos como una maravilla de la espiritualidad católica y se los ha contado entre los medios más efectivos de transformación espiritual que la Iglesia haya conocido. Todo esto de un hombre que jamás había estudiado teología, a quien jamás había guiado un director espiritual y que hasta antes de ayer había llevado la vida de alguien banal y mundano. Quienes presenciaban el espectáculo bien podían haberse hecho la misma pregunta que los asombrados habitantes de Nazaret al escuchar las enseñanzas de Jesús: "¿De dónde, entonces, le viene todo esto?" (Mt 13, 56).

La conversión a la manera paulina y la temprana experiencia de Ignacio subrayan un principio clave de la reforma de la Iglesia: concretamente, que Cristo es Señor de la Iglesia y es él quien toma la iniciativa de impartir y proteger la vida divina de su Cuerpo. La Iglesia del siglo XVI necesitaba una reforma urgente y los cristianos serios estaban debidamente preocupados acerca de lo que podrían hacer para rectificar las cosas. Pero los destinos de la Iglesia no dependen en definitiva de la actividad humana—por muy importante que pueda ser—, sino de la fidelidad de Dios. Si los instrumentos que se supone deben cuidar de la Iglesia de Cristo y su misión resultan deficientes, Él hallará otros adecuados para sus propósitos, aunque ello signifique echar mano de un soldado vasco herido de mediana edad.

La segunda fase: Éxito apostólico y oposición

De principio a fin, Ignacio fue un hombre de hechos. Dio un gran valor a la oración y su propia vida espiritual lo puso en compañía de los grandes místicos de la Iglesia; pero, como una flecha en el arco, siempre estaba dispuesto y preparado para entrar en acción. La pregunta que siempre se hacía a sí mismo y a sus discípulos espirituales era: ¿Qué haremos por Cristo y su mayor gloria? Una vez convertido, lo primero que pensó Ignacio fue en ir en peregrinación a Tierra Santa. Existía una larga tradición de peregrinaje como ejercicio penitencial y a este propósito Ignacio le sumó un motivo más profundo. Sabiendo que ahora su vida estaba tomando un curso diferente como discípulo de Cristo, tenía la esperanza de permanecer en Tierra Santa y servir a otros peregrinos en los sitios sagrados y, de ser posible, predicar el Evangelio entre los turcos. Después de su estadía en Manresa, partió hacia el Cercano Oriente y, luego de muchas aventuras y dificultades, llegó a Jerusalén. Sin embargo, enseguida se hizo claro que los franciscanos que cuidaban los sitios sagrados no le darían permiso de quedarse. Después de menos de un mes en la Ciudad Santa, lo obligaron a embarcarse de regreso a su hogar. Así lo narraría él luego: "Después que el dicho pelegrino entendió que era voluntad de Dios que no estuviese en Hierusalem, siempre vino consigo pensando quid agendum, y al fin se inclinaba más a estudiar algún tiempo para poder ayudar a las ánimas".[6]

Durante esta nueva fase de su vida, Ignacio siguió sus estudios, pero según lo que él mismo admitiría no era su educación lo que principalmente le ocupaba la mente y las energías. Las universidades a las que concurría estaban entre las más destacadas de su tiempo—la Universidad de Alcalá, recientemente fundada por el gran erudito humanista y reformador de la Iglesia cardenal Jiménez de Cisneros, donde pasó un año y medio; la Universidad de Salamanca, la más famosa de España, en la que permaneció seis meses; y por último la Universidad de París, la principal escuela teológica del Cristianismo, donde estudió siete años convirtiéndose finalmente en maestro de teología. No obstante, aunque la educación le fue necesaria como herramienta para su misión, no fue un capítulo importante en la formación de su entendimiento ni de su vida espiritual. Él ya había absorbido las verdades de la fe de manera muy honda por medios sobrenaturales. Luego comentó que, lo que había aprendido directamente de Dios en Manresa, antes de haber empezado su educación formal, era de tal riqueza y profundidad que "en todo el discurso de su vida, hasta pasados sesenta y dos años, coligiendo todas cuantas ayudas haya tenido de Dios, y todas cuantas cosas ha sabido, aunque las ayunte todas en uno, no le parece haber alcanzado tanto, como de aquella vez sola".[7]

---

[6] *Ibíd*, Capítulo III, 30, 29.
[7] *Ibíd*, Capítulo III, 30.

Lo que ocupaba la mente y la energía de Ignacio por estos años, aparte de la dispendiosa tarea de mendigar para vivir, era su compromiso apostólico. Otra vez vemos aquí una semejanza con el apóstol Pablo. Igual que Pablo, Ignacio tenía un deseo ardiente de predicar el Evangelio, que él describió como ser para "provecho de las almas". Igual que Pablo, Ignacio era bondadoso y apasionado, y dejaba huella en todas las personas que conocía. Igual que Pablo, no era un orador hábil: nunca dominó realmente ningún idioma más que su vasco nativo, y su prédica y su conversación en castellano, francés o italiano estaban frecuentemente salpicadas de errores gramaticales y una mezcla de palabras de diferentes lenguas. Igual que Pablo, dondequiera que iba producía rápidas conversiones y levantaba un aluvión de turbulencias. Así empezó a generarse un patrón: primero, un conocimiento público de él; luego, una serie de conversiones a la fe y después, una creciente resistencia a su apostolado.

No es de extrañar que Ignacio causara un alboroto dondequiera que fuera. Un hombre de clase noble, ya de treinta y tantos años, que llegaba a la universidad a estudiar con hombres de la mitad de su edad. Aunque lego, llevaba atuendo de eremita de tela rústica, andaba descalzo y pedía limosnas para cubrir sus necesidades diarias. Pasaba mucho de su tiempo rezando, y era puntual y devoto en la recepción de los sacramentos. Aprovechaba cualquier oportunidad que se le presentaba para hablar del servicio de Dios y, según todos los testimonios, a pesar de su forma de vida poco común—quizás gracias a ella—era muy eficaz. Él invitaba todo aquel que respondía favorablemente a su mensaje a hacer los Ejercicios espirituales y los resultados eran a menudo impresionantes. Muchos, entre ellos algunos de alta posición, adquirían un renovado interés en servir a Dios y modificar drásticamente su vida, y siempre había un puñado de jóvenes que se unían a él abandonando sus ambiciones seglares e imitando su vida y su obra apostólica. En un determinado momento, todo este fermento provocaría una reacción. Ya fuera por una genuina preocupación por el bien de la Iglesia, por envidia de su influencia o por motivos terrenales entre los parientes de sus conversos, que se preocupaban por la prontitud de sus discípulos a abandonar riquezas y posición, su actividad apostólica se vería atacada. Algunos decían que era un seductor de estudiantes; otros cuestionaban su ortodoxia; otros divulgaban rumores falsos sobre su moral y decían que sus compañeros "vestían bolsas" o los llamaban "iluminados". En más de una ocasión, lo llevaron preso. Cinco veces estuvo ante la Inquisición y las cinco veces no se halló error alguno en su doctrina ni en su forma de vida. Atravesó todas estas duras experiencias con tranquilo fervor. "¿Pues tanto mal os parece que es la prisión?", le dijo una vez a una mujer que expresaba preocupación por verlo en la cárcel. "Pues yo os digo que no hay tantos grillos ni cadenas en Salamanca, que yo no deseo más por amor de Dios".[8]

El gran instrumento de la obra apostólica de Ignacio fueron los Ejercicios espirituales que creó en Manresa y que continuó perfeccionando con el correr de los años. Mucho se ha escrito acerca de los Ejercicios, que consisten no tanto en un libro de devoción sino en un manual para hacer un retiro de treinta días. El objetivo de los Ejercicios era retirar a la persona de la vorágine de la vida y, durante un período prolongado e intensivo, ponerla frente a las grandes verdades de la fe, recurriendo para este propósito a muchos

---

[8] *Ibíd*, Capítulo VII, 69.

medios diferentes: meditar sobre la Sagrada Escritura, apelar fuertemente a la imaginación, rezar en familia, ser austero en lo externo y el sustento, hacer examen de conciencia con regularidad, perseguir virtudes particulares y recibir los sacramentos con frecuencia. Los Ejercicios intentaban conseguir no solo la conversión, sino también una determinación de moldear toda la vida para la gloria de Dios y el bien de los demás. Ignacio tenía mucha confianza en el poder de los Ejercicios para producir grandes cambios y utilizaba cualquier medio a su alcance para persuadir a sus amigos y discípulos a que los practicaran. Una vez hizo una apuesta con un amigo que vacilaba en emprender esta aventura de un mes. Le sugirió que jugaran un partido de billar; el perdedor haría todo lo que el ganador quisiera durante treinta días. Jugaron y ganó Ignacio. El amigo practicó los Ejercicios y cambió su vida por completo.

Los Ejercicios proporcionaban a la época algo que muchos buscaban: una manera de acercarse a la vida espiritual que fuera explosivamente potente y eminentemente práctica al mismo tiempo. Su manera de promover una conexión personal íntima con Cristo resultaba atractiva en una época que ponía más énfasis en la experiencia individual. Los Ejercicios dejaron una huella indeleble en la reforma de la Iglesia del siglo XVI. Muchos años después, Ignacio escribió que ellos eran: "…todo lo mejor que yo en esta vida puedo pensar, sentir y entender, así para el hombre poderse aprovechar a sí mesmo, como para poder fructificar, ayudar y aprovechar a otros muchos".[9]

---

[9] Carta de Iñigo al P. Miona, 16 de noviembre de 1536. (https://sites.google.com/site/amdg1540/docs/15361116).

Se pueden subrayar dos aspectos de los Ejercicios, que dan una idea de la totalidad. Uno era lo que Ignacio llamó "Principio y fundamento". Él centraba la mente con la intensidad de un láser sobre el propósito de la vida humana e insistía en que todo debía verse y juzgarse a la luz de ese propósito. "El hombre es criado para alabar, hacer reverencia y servir a Dios nuestro Señor y, mediante esto, salvar su ánima; y las otras cosas sobre la faz de la tierra son criadas para el hombre, y para que le ayuden en la prosecución del fin para que es criado". Siendo este el caso, uno debe usar las cosas del mundo en tanto ellas ayuden a alcanzar ese fin y a librarse de todo lo que podría interponerse en el camino. Todo deseo y toda elección debe dirigirse a "lo que más nos conduce para el fin que somos criados".[10]

Un segundo aspecto clave de los Ejercicios era una manera de ver la vida imaginativamente expresada mejor en la meditación sobre "Los dos estándares". Ignacio les pedía a sus discípulos que imaginaran, mediante una construcción detallada de una imagen interna, dos ejércitos formados para luchar: uno conducido por Lucifer, el otro conducido por Cristo. A Lucifer lo imaginaban "sentado en un gran trono de fuego y humo, en el centro de la vasta planicie de Babilonia", rodeado de innumerables demonios a quienes dispersaba por el mundo "para atrapar a los hombres y encadenarlos". Era "una imagen horrible y espantosa de observar". Por el contrario, Cristo estaba parado en un lugar modesto de Jerusalén, "hermoso y benévolo". Estaba eligiendo discípulos y los enviaba "por todo el mundo a esparcir su doctrina sagrada entre los hombres de todo estado

[10] Ignacio de Loyola, *Escritos esenciales*, ©2007 Editorial Sal Terrae, pág. 51. (https://es.slideshare.net/EduardoSebGut/escritos-esenciales-san-ignacio-de-loyola).

y condición".[11] Tanto Lucifer como Cristo querían a todos los hombres bajo su norma; cada uno los llamaba a que lo siguieran; una gran batalla estaba agitándose entre ellos. La pregunta trascendental que formulaban los Ejercicios era: ¿Cuál norma aceptarás tú? ¿Bajo qué bandera lucharás? No había un punto medio; uno tenía que elegir un lado o el otro.

La imagen del discípulo como soldado valiente que lucha bajo las órdenes de un capitán glorioso pudo haber tenido un atractivo especial para el antiguo soldado que había en Ignacio, pero no fue un invento suyo. Era una imagen con origen en la Sagrada Escritura y una larga tradición en la espiritualidad cristiana. Pero que, bajo la mano de Ignacio, cobró una claridad vívida y motivadora. Más tarde Ignacio escribiría a los jóvenes aspirantes a la Compañía:

> Coloquen delante de sus ojos como modelos para imitar, no al cobarde y al débil, sino al valiente y al apasionado. Sonrójense al verse superados por los niños del mundo, que están más atentos a adquirir las bondades de la época que ustedes a ganar las bondades de la eternidad. Frústrense al verlos correr más velozmente hacia la muerte que ustedes hacia la vida. Piénsense capaces de muy poco: en caso del cortesano, para obtener el favor de un príncipe terrenal, lo sirve con más fidelidad que ustedes cuando sirven al rey celestial; y el soldado, por una sombra de gloria y por la miserable parte del botín que espera de una batalla ganada, pelea contra sus enemigos y lucha con más valor que ustedes para conquistar al mundo, al diablo y a ustedes mismos, y para ganar con esa victoria el reino del cielo y una gloria eterna.[12]

---

[11] Ignatius to Fr. Miona, 16 November 1536, in *St. Ignatius of Loyola: Personal Writings*, trans. Joseph A. Munitiz and Philip Endean, (New York: Penguin, 1996), 310-11. (Traducción propia).

[12] Paul Doncouer, S. J., *The Heart of Ignatius* (Baltimore: Helicon Press, 1959), 66. (Traducción propia).

Durante este largo período de su educación y su creciente apostolado, Ignacio no tenía un plan claro de fundar una nueva comunidad religiosa. Como líder natural, había reunido grupos de jóvenes que se habían convertido al servicio de Cristo a través de los Ejercicios y que naturalmente buscaban en él una dirección. En 1534, en la colina de Montmartre, en París, Ignacio y seis de sus compañeros, a punto de completar sus estudios, hicieron votos juntos de que servirían a Cristo en pobreza y castidad, y de que irían a Jerusalén a intentar una misión religiosa entre los turcos. Si no les resultaba posible llegar a Tierra Santa (había conflictos intermitentes en la parte oriental del Mediterráneo entre los otomanos y diversas potencias europeas), regresarían a Roma y se pondrían al servicio del Papa. Seis de siete, incluido Ignacio, eran laicos. Entre ellos había fuertes lazos de afecto fraternal, pero ninguna organización formal. Y como ocurrió que no pudieron hacer su viaje a Jerusalén, entonces, luego de detenerse un tiempo en Venecia (donde a sus cuarenta y seis años Ignacio se ordenó sacerdote), emprendieron su camino a Roma, adonde llegaron en 1538 y se presentaron ante el papa Pablo III. Fue en este momento que surgió la idea de una nueva orden y, a pesar de otra ola de violentos ataques contra ellos, en 1540 el papa estableció la Compañía de Jesús.

La tercera fase: Ignacio como general

Cuando sus hermanos eligieron a Ignacio general de la nueva orden religiosa, él rechazó el cargo rotundamente. Cuando cuatro días después se llevó a cabo una segunda elección y volvieron a elegirlo, él lo rechazó de nuevo, hasta que su confesor franciscano le dijo que tenía que dejar de resistirse al Espíritu Santo. Sin duda, parte de su resistencia se debía a su humildad, a su sentido de falta de mérito para gobernar a otros hombres. Pero también pudo haber habido un factor más sutil en juego. Desde los tiempos de su conversión, Ignacio no había querido nada más que ser un peregrino en los caminos con Cristo para llamar a los demás a amar y seguir a Dios. Era un misionero por naturaleza, con un deseo ardiente de ganar para el Reino de Cristo a aquellos que más se oponían a él. Eso, para él, quería decir los turcos y todo el mundo musulmán. Ignacio no tenía aptitudes especiales para los detalles de la organización tal como generalmente se entendían; era lo opuesto a un burócrata y los cincuenta años de su vida no fueron una preparación obvia para un puesto administrativo. Es posible que creyera que no serviría para eso. Pero sus hermanos veían la naturaleza de su genio con más claridad que él mismo. Ese genio, el gran don de Ignacio a la Iglesia, era su capacidad, que casi podría llamarse instinto, de hallar las formas institucionales correctas para captar la obra del Espíritu Santo en la nueva era con la que la Iglesia se estaba encontrando.

Este don de encarnar ideales en las formas vivas, tan necesario para una vida humana floreciente, había estado operativo en Ignacio desde los primeros días de su conversión. Muchos se han encontrado en medio de una batalla espiritual, necesitando aprender a escuchar la voz de Dios y a alejarse de la voz del demonio. Ignacio también pasó por esa experiencia, pero entonces dio al asunto un giro decisivo: reunió cuanto había aprendido en un conjunto de reglas para el discernimiento espiritual, que podía dar a los demás. Muchos han luchado para alcanzar la virtud; Ignacio desarrolló un método para la adquisición de virtudes específicas. Muchos se han encontrado con el drama de verse ante las encrucijadas de la vida y de necesitar decidirse firmemente por el Reino; Ignacio condensó sus experiencias de esa decisión y produjo el milagro de los Ejercicios. Al encarnar su experiencia en honrosas formas institucionales, la sabiduría espiritual que se le había confiado pudo tocar la vida de miles de personas.

Para tener una idea de la envergadura de la influencia y del impacto de los jesuitas, puede ser útil mirar su crecimiento inicial. En la época de su fundación, en 1540, la Compañía contaba con diez miembros. Para el año de la muerte de Ignacio, 1556, el número había crecido a mil y solo treinta y cinco de ellos eran miembros profesos debido a su largo proceso de capacitación. Para 1580, cuarenta años después de su fundación, había cinco mil miembros en la Compañía en veintiuna provincias. En 1615, a sus setenta y cinco años, la Compañía contaba con más de trece mil miembros. Un tiempo que había estado lamentando la ignorancia y mundanalidad de los sacerdotes estaba recibiendo su respuesta. En todas partes podían encontrarse sacerdotes jesuitas altamente capacitados y devotos que predicaban y daban retiros, construían iglesias, fundaban colegios y capacitaban a los jóvenes, establecían misiones en todo el mundo, proporcionaban pericia teológica en el Concilio de Trento, se trababan en polémicas con los protestantes, servían como directores de almas, derramaban su sangre por la fe; todo ello al servicio de Cristo, la Iglesia y la Santa Sede. No sería poco razonable inferir que la compañía reunida bajo el estándar jesuita durante los primeros 150 años de la existencia de la orden fue el grupo de hombres más talentosos, disciplinados y extraordinariamente preparados jamás congregados para una causa única en la historia del mundo. Cuando miles de jóvenes capaces, muchos de ellos provenientes de los estratos superiores de la sociedad, responden con tanta celeridad a un ideal encomiable y dificultoso, está claro que una cuerda profunda se ha tocado. Con una combinación de don espiritual y genio natural, Ignacio intuyó las necesidades y aspiraciones de su época y concibió una forma de vida que pudo captarlas y aplicarlas en extensos territorios y por generaciones.

La gran tarea de Ignacio como primer superior y principal inspiración de la nueva Compañía de Jesús fue escribir las Reglas de la Compañía o, según el término que les dieron los jesuitas, sus Constituciones. Ignacio sabía que estaba forjando un instrumento nuevo para un tiempo nuevo; para él fue una labor prolongada y meticulosa. Introdujo muchas innovaciones en su comunidad. No había que llevar un atuendo religioso especial. No había obligación de cantar a coro las oraciones de la mañana ni de la noche. Las austeridades físicas debían mantenerse al mínimo. La Compañía estaría gobernada centralmente por un general superior, en vez de la forma más tradicional de dirección que funcionaba localmente por sectores. No debía haber supervisión de los conventos ni rama femenina de la orden. Y la capacitación de un miembro profeso debía ser prolongada y exhaustiva. En una carta al Papa, en la cual Ignacio pedía que los jesuitas no fueran obligados a determinadas responsabilidades, expresó la idea dominante que había detrás de esta novel organización: "Las demás órdenes religiosas del ejército de la Iglesia son como las tropas que van al frente dispuestas en batallones masivos. Nosotros somos como soldados ligeramente armados, preparados para la batalla repentina, yendo de un sitio a otro, hoy aquí, mañana allí. Y es por eso que no debemos tener cargas y estar libres de toda responsabilidad de este tipo".[13] Sin cargas y libres para la acción inmediata: con su gran capacidad para adaptar los medios al fin apropiado, Ignacio diseñó su compañía con esta libertad apostólica en mente.

Los quince años de Ignacio como general superior fueron una especie de martirio en vida. El hombre que había ansiado ser un misionero itinerante fue obligado a vivir en Roma, atado a un escritorio, escribiendo de manera interminable miles de cartas administrativas mientras dirigía las rápidamente crecientes actividades de los jesuitas en el mundo. Pero la obediencia estaba en el corazón mismo de su espiritualidad y de buen grado sacrificó sus inclinaciones apostólicas personales por el bien de la mayor gloria de Dios. Sus deseos misioneros no se extinguieron, sino que se canalizaron en otras direcciones. Hasta el fin, iluminarán y encenderán a los demás con su ardiente entusiasmo por la salvación de las almas. Cuando Ignacio enviaba a los miembros jóvenes de la Compañía a las misiones, siempre se despedía de ellos diciéndoles: "¡Vayan y enciendan el mundo!"[14]

[13] *Ibíd*, 69. (Traducción propia).
[14] *Ibíd*, 118. (Traducción propia).

Capítulo dos

San Francisco Javier

*"No hay mejor descanso en este mundo inquieto que
enfrentar un inminente peligro de muerte únicamente
por el amor y el servicio de Dios nuestro Señor."*

El siglo XVI fue un tiempo de cambio en Europa. Había
desarrollos conflictivos y contrastes llamativos tales que es
difícil de caracterizar con sencillez la época. Por un lado,
muchos de los acuerdos sociales de toda la vida de la cristiandad se tambaleaban, llevando a pensar a algunos que el
fin del mundo estaba cerca. Por otro lado, emergían acuerdos
nuevos y concepciones nuevas de la vida humana, llevando
a otros a hablar de la época como un nuevo amanecer, un
renacimiento, lleno de posibilidades nuevas y apasionantes.
Una vez más, la Europa cristiana estaba bajo una amenaza
militar cada vez mayor por parte de un Imperio otomano creciente que estaba devorando territorios y limitando la influencia cultural de Europa, incluso amenazando su existencia.
Al mismo tiempo, los portugueses les estaban arrebatando
a los musulmanes su monopolio del lucrativo comercio de
especias y estaban abriendo toda Asia a los europeos, mientras que los españoles estaban fundando un nuevo imperio en
las Américas, que transformaría al océano de ser el límite de
Occidente a ser un cuerpo de agua europeo interno. Y, una
vez más, la Iglesia Católica, la institución que había sostenido

el espíritu de Europa durante mil años, estaba en grave crisis, con una gran necesidad de reforma, bajo un ataque sin precedentes y perdiendo tierras y personas ante los nuevos movimientos protestantes. Sin embargo, mientras esto estaba ocurriendo, surgían a la vida expresiones frescas y vigorosas de fe y espíritu católicos, mientras que nuevos territorios y nuevas personas entraban en el redil católico, transformando la Iglesia en una sociedad internacional que se extendía por el mundo.

De acuerdo con un mito del mundo antiguo, los pilares de Hércules, que marcaban el extremo occidental del mar Mediterráneo en el estrecho de Gibraltar, tenían inscritas las palabras *Ne plus ultra*: "Más allá no hay nada". Esas palabras significaban una advertencia a los marineros de que habían alcanzado los límites del mundo habitable. El nombre "mediterráneo" significaba "en el medio de las cosas", y desde la época romana en adelante, el "lago romano" había marcado un importante límite europeo, geográfica e imaginativamente. Pero, al final del siglo XVI, ese autoentendimiento estaba sufriendo un gran cambio de perspectiva. Con el desarrollo de técnicas de construcción naval y de navegación nuevas que producían barcos que podían enfrentar las olas y los vientos del mar abierto, los ojos de los europeos estaban puestos cada vez más en el horizonte, al este, al oeste y al sur. Cuando Carlos V se convirtió en rey de España en 1516, transformó la antigua advertencia en un nuevo llamado a la acción. Tomó como lema personal—y lo adoptó como lema nacional de España—las palabras *Plus Ultra*: "¡Más allá!". La extraordinaria aventura misionera de Francisco Javier estaba entre los ejemplos más convincentes de esta nueva actitud. Incluso durante su vida, y aún más después de su muerte,

Javier llegó a simbolizar para Europa las posibilidades candentes de la nueva era.

Francisco Javier se convierte a Cristo

De los dos primeros grandes hombres de la orden jesuita a veces se decía que Ignacio era el milagro de Dios y que Javier era el milagro de Ignacio. Conciudadano vasco de un origen social similar, Francisco Javier había estado tres años en la Universidad de París antes de que llegara Ignacio, y empezaron a tratarse casi por accidente. Javier era un joven de personalidad fuerte, emoción apasionada y enérgica, y gran encanto. Además, no tenía objetivos y era indolente, habitualmente no tenía dinero y poseía una ambición sin dirección que lo preparaba para moverse con la corriente de la vida donde sea que lo llevara. Dio la casualidad que se alojaba en el Colegio de Santa Bárbara con un joven francés llamado Pedro Fabro cuando Ignacio llegó a París en 1528 y se alojó al lado, en el Colegio de Montaigu. Fabro estuvo entre los primeros de los muchos estudiantes atraídos por Ignacio y pronto se convirtió en uno de sus más fervientes discípulos. Javier, por el contrario, no quería tener nada que hacer con el extraño y dominante vagabundo que había capturado la imaginación de su amigo. Pero le resultó imposible evitarlo. Cuando Ignacio completó sus estudios de latín y fue admitido en Sainte-Barbe, lo alojaron—para disgusto de Javier—con Fabro y con él.

Ignacio sintió una inmediata simpatía por su compatriota, tal vez percibiendo en qué podría transformarse si alguna vez se convertía a Cristo, y planeó una cuidadosa campaña para ganar a Javier para la causa. Fue un asedio largo y constante, que duró cuatro años, sobre el cuál tenemos poca

información. Más tarde, Ignacio dio una noción de qué le
había requerido cuando comentó que Javier "era la masa más
grumosa que había amasado jamás".[1] El punto crítico ocurrió
cuando Fabro se fue por un largo período y Javier tuvo que
enfrentarse a Ignacio por sí solo . El maestro pescador recibió
una recompensa por su paciente labor: Javier mordió el
anzuelo y experimentó una poderosa conversión. El efecto
fue explosivo. A partir de ese punto, durante los siguientes
diecinueve años de su vida, Javier estaría estrechamente ligado
a Ignacio en mente y espíritu, aportando toda su pasión, su
fuerza de voluntad, su inmensa capacidad para el trabajo
duro y su lealtad caballeresca al propósito y la dirección de su
amigo y padre espiritual.

Para Javier, los siete años posteriores a su conversión fue
un tiempo de preparación para una misión que todavía no
había vislumbrado plenamente, durante el cual estableció las
bases de una profunda vida de oración y un patrón de incansable actividad apostólica. En este período, la vida de Javier
tuvo la cualidad internamente devota y externamente casual
del grupo de hombres que se formaba alrededor de Ignacio.
Fue uno de los siete compañeros que hicieron sus votos en
Montmartre en 1534. Luego, a finales del año siguiente,
cuando Ignacio se fue de visita a España, él y sus compañeros
partieron hacia Venecia, viajando a pie, tomando una ruta
alternativa para evitar una zona de guerra. De acuerdo con
su voto, luego se embarcarían en la misión propuesta con los
turcos en Tierra Santa. En Venecia, encontraron a Ignacio,
que se les había adelantado, y, mientras esperaban que sus
planes maduraran, trabajaron en hospitales que habían

---

[1] James Brodrick, S. J., *Saint Francis Xavier* (New York: The Wicklow Press, 1952).
[Traducción propia.]

establecido recientemente Jerónimo Emiliani y Cayetano de Thiene, ambos fundadores de nuevas órdenes religiosas y quienes un día serían canonizados. En esta época Javier se ordenó sacerdote, junto con Ignacio y aquellos compañeros que todavía no se habían ordenado. Como la puerta a la Tierra Santa estaba cerrada por la guerra, el grupo se desperdigó, convergiendo en Roma para presentarse ante el papa.

En el camino a Roma, Javier se detuvo por algunos meses en Boloña junto con Nicolás de Bobadilla, otro de los compañeros. Fue en Boloña que el talento y fervor de Javier por la obra misionera empezó a mostrarse poderosamente. Su enfoque fue directo y llamativo. Iba a una de las concurridas plazas de la ciudad, sacudía el sombrero y atraía la atención de los espectadores y, a pesar de la grave falta de un italiano refinado, los mantenía embelesados por la fuerza de su personalidad y la potencia de su fe. "Después de la Misa—informó alguien que fue testigo de su actividad allí—, pasaba el día entero escuchando confesiones, visitando a los enfermos en los hospitales y a los prisioneros en las cárceles, sirviendo a los pobres, predicando en las plazas y enseñando la doctrina cristiana a los niños u otras personas sin instrucción."[2] Ya en esta etapa temprana, la mente de Javier se movía hacia el este. "Solía hablar frecuente y fervientemente—recordó un sacerdote amigo de Boloña—sobre los asuntos de la India y la conversión a nuestra santa fe de su gran población pagana. Deseaba hacer el viaje y anhelaba fervientemente hacerlo antes de morir."[3]

Javier viajó a Roma en la primavera de 1538, fu el último en llegar del grupo de compañeros. Ahora, por primera vez,

[2] *Ibid*, 63. [Traducción propia.]
[3] *Ibid*, 76. [Traducción propia.]

el grupo empezó a considerar la posibilidad de establecerse como orden. Después de largas discusiones hasta entrada la noche durante la primavera y el verano de 1539, escribieron un breve documento que esbozaba la estructura y los objetivos de la sociedad propuesta y se lo presentaron al papa Paulo III. La idea obtuvo la inmediata aprobación del papa, pero, debido a la fuerte oposición de otros miembros de la Curia, pasó un año hasta que se instituyó formalmente la orden nueva. Antes de que esto tuviera lugar, Javier ya se había ido de Roma en una misión. Es una señal de la profundidad y la claridad impactantes del entrenamiento espiritual de Ignacio que Javier, quien nunca más volvería a vivir con Ignacio ni sus hermanos sino que estaría separado de ellos por muchos años y miles de millas, pudiera encarnar y expresar tan bien el espíritu de la nueva orden religiosa.

El carisma particular o ministerio de la nueva Compañía, como se expresaba en aquel primer documento, era tan amplio como para incluir virtualmente todos los tipos de ministerio sacerdotal. Eran una comunidad fundada para "el provecho de las almas en la vida y la doctrina cristianas y la propagación de la fe por medio del ministerio de la palabra, de ejercicios espirituales, de obras de caridad y, expresamente, de la educación en el cristianismo de los niños y los iletrados". Ciertas prácticas usuales tradicionales entre las órdenes religiosas para ayudar a mantener la unidad y la cohesión estaban explícitamente ausentes, especialmente la obligación de rezar juntos el Oficio. Con un ámbito de apostolado tan amplio y con tan poco que los uniera en la vida común, ¿cómo iban a mantener el enfoque? ¿Cuál iba a ser su principio unificador? Ese principio debía hallarse en el famoso "cuarto voto" de los jesuitas, la obediencia al papa. Así es como el documento presenta el ideal:

Todos los compañeros deben saber y tener diariamente presente, no solo cuando hagan su profesión sino durante toda su vida, que la Compañía entera y cada uno individualmente son soldados de Dios bajo la fiel obediencia de nuestro santísimo señor Paulo III y sus sucesores y, por consiguiente, están sometidos al Vicario de Cristo y a su poder divino, no solo estando obligados ante él, lo que es común para todos los clérigos, sino estando ligados por el voto que debemos llevar a cabo inmediatamente, sin evasiones ni excusas, lo que Su Santidad nos ordene en cuanto se refiere al provecho de las almas y la propagación de la fe, ya sea que nos envíe a los turcos o al Nuevo Mundo, o a los luteranos u otros, sean infieles o fieles.[4]

Todos los aspectos de la vida común iban a estar subordinados a esta disposición para la acción inmediata en cualquier dirección que fuera necesaria bajo las órdenes del papa. Este era el modelo de "infantería ligera", bajo la vista de un comandante general, que Ignacio y sus hermanos colocaron al servicio de la Iglesia.

Los hombres que fundaron la nueva Compañía de Jesús dejaron una fuerte impresión en Roma y en todas partes, y sus servicios se requerían cada vez más. Entre los más insistentes estaban los del rey de Portugal, cuyos asentamientos y colonias en el extranjero tenían una necesidad desesperada de misioneros. A dos de los compañeros los habían comprometido con la misión a la India, ninguno de ellos era Javier. Pero uno de los dos, Bobadilla, se enfermó gravemente, dejando libre a uno solo entre los compañeros. Ignacio le dijo: "Francisco, sabes que, por orden de su Santidad, dos de nosotros tienen que ir a la India, y elegimos a Bobadilla como uno de los dos.

---

[4] St. Ignatius of Loyola et al., "The First Sketch of the Society of Jesus" in *Catholic Reform: From Cardinal Ximenes to the Council of Trent, 1495–1563*, ed. John C. Olin (New York: Fordham University Press, 1990), 83–4. [Traducción propia.]

Él no puede ir debido a su enfermedad ni puede el Embajador esperar a que se mejore. Esta es tu empresa". La respuesta de Javier fue inmediata: "¡Bueno, sí!¡Aquí estoy!".[5] Al día siguiente, partió con el embajador portugués a Lisboa. No iba a regresar nunca.

Los viajes misioneros de Javier

Hacía tiempo que Europa estaba aislada de las tierras y los mercados del sur y el este de Asia, debido al control musulmán de las rutas comerciales terrestres y marítimas. Durante el siglo XV, los portugueses empezaron a explorar cada vez más lejos. Colón había navegado primero hacia el oeste porque quería llegar a "las Indias". En su lugar, encontró un continente enorme que resultó ser su propio teatro de exploración y asentamiento, con el atractivo de la plata y el oro para hacer que la empresa valiera la pena. Hacia el este estaban las antiguas y legendarias tierras de Asia con todo su exotismo, sus grandes poblaciones y su riqueza. Lo que más interesaba a los mercaderes europeos eran la especias tan codiciadas en las cocinas europeas. En 1498, el marinero portugués Vasco da Gama rodeó el cabo sur de África y llego a la India, evitando las rutas comerciales normales. En 1510, Afonso de Albuquerque conquistó la ciudad de Goa, en la costa occidental de la India, y desde allí los portugueses empezaron a extender un imperio mercantil que les dio acceso a los mercados y los materiales de Asia entera. Se establecieron en Malaca, en lo que hoy es Malasia, y luego fueron más al este hasta las Molucas (las famosas islas de las Especias) y hasta Timor Oriental y Nueva Guinea. Iniciaron relaciones con Tailandia y Japón y, finalmente,

---

[5] Brodrick, Francis Xavier, 77–8. [Traducción propia.]

obtuvieron el control de la isla de Macao, frente a la costa de China. Mientras Javier estuvo sirviendo bajo el patronazgo de la corona portuguesa, sus viajes misioneros siguieron el camino que controlaban los portugueses.

Para comprender la gran importancia de Francisco Javier para su tiempo, es necesario capturar algo del entusiasmo que se había despertado en Europa por la apertura del mundo. Javier pasó solo diez años como misionero en Asia, pero esos años brillaron como un cometa sobre los cielos de Europa. En el complejo mundo de la cristiandad occidental, el encanto del oro, la gloria y las almas inmortales para Cristo se fundieron en una aleación que ahora hallamos difícil de comprender. Europa seguía las hazañas misioneras de Javier a través de las cartas que enviaba a sus hermanos jesuitas, algunas de las cuales distribuyeron y publicaron. Aunque difícilmente lo supiera y no le hubiera preocupado, Javier era un hombre famoso en Europa antes de morir. Parecía estar llevando a cabo en un plano espiritual el tipo de conquistas que otros exploradores y conquistadores estaban obteniendo en términos más terrenales.

Para exponerlo brevemente, el itinerario misionero de Javier da alguna idea de sus notables labores. Zarpó de Lisboa en 1541. Rodeando el cabo de Buena Esperanza, llegó a Mozambique, en la costa sudeste de África, donde trabajó entre los locales durante seis meses, mientras esperaba vientos favorables. Llegó a la ciudad portuaria india de Goa en la primavera de 1542. Después de cuatro meses allí, viajó al sur hasta Cochín, en la costa sur de la India, y pasó más de un año como misionero solitario entre la población de pescadores de perlas. Luego regresó a Goa durante algunos meses y volvió a Cochín por otro año. En 1545 se embarcó para Malaca, en

Malasia. Para esta época ya era muy conocido, y las personas lo estaban esperando. A principios de 1546, dejó Malaca y viajó al este hacia las Molucas y la gente de las islas de las Especias. Al año siguiente, regresó a Malaca, donde se quedó por otros seis meses. Luego viajó de regreso a Goa, visitando en el camino a todos los grupos entre los cuales había establecido misiones. Después pasó más de un año en Goa donde, entre otras tareas, atendió la creciente misión jesuita; para 1548 había diecisiete jesuitas en la India. En 1549 retornó al este, llegando a Japón, donde abrió una misión y se quedó por dos años. Luego volvió otra vez a Goa. En 1552 partió de Goa una última vez, esperando poder entrar en China. En diciembre de ese año, Francisco Javier murió en la isla de Shangchuan, esperando un barco que lo llevara a la China continental.

La distancia cubierta en todo este viaje es impactante. Javier viajó decenas de miles de millas en barco, en una época en la que no era raro que la mitad de los pasajeros muriera en cualquier viaje. Caminó muchos cientos de millas, yendo de aldea en aldea entre las personas a las que servía. Enfrentó una constante exposición al calor y las tormentas, y se enfermaba a menudo de enfermedades tropicales sin nombre. Más allá de sus viajes, mantenía un régimen de extraordinaria actividad misionera. Dormía solo dos o tres horas por noche, pasando las horas que quedaban en oración. Comía poco y no prestaba atención a su salud física. Predicaba y enseñaba incesantemente. De acuerdo con las mejores estimaciones, bautizó a alrededor de treinta mil personas. Oyó confesiones por miles, visitó y ungió a los enfermos, dijo misas para los leprosos y presidió entierros. Escribió canciones para niños y iletrados con letras tomadas de las palabras del Credo. Aunque nunca fue un estudiante particularmente brillante, pasó largas y tediosas horas intentando aprender algo de los idiomas de los distintos pueblos entre los que sirvió. Organizó el trabajo de la misión de los demás jesuitas que estaban a su cuidado.

Uno de sus antiguos auxiliares, quien lo había conocido en Portugal y en la misión india, recordaba su extraordinaria energía:

> Ningún ser humano podría haber hecho lo que él hizo o haber vivido como él vivió sin estar lleno del Espíritu Santo. ...Si podía encontrar tiempo durante la noche, como nunca podía durante el día, se entregaba completamente a la oración y la contemplación. Día y noche, consolaba a los hombres, oyendo sus confesiones, visitándolos cuando estaban enfermos, pidiendo limosna para ellos cuando eran pobres. No tenía nada propio y nunca gastó un centavo en él. Todo lo que uno pueda soñar que un hombre haga, él lo hizo, y más.[6]

Con razón a su alrededor surgían historias y leyendas como flores. A los que vieron su infatigable actividad y su entusiasmo imparable no los sorprendió que Javier muriera después de diez aparentemente breves años de misión; se sorprendieron de que durara la mitad de ese tiempo.

Los principios misioneros de Javier

Goa, el primer destino indio de Javier, era una inmensa y desbordante ciudad, varias veces más grande que Roma o Londres. La primera vez que llegó allí, Javier estaba casi agobiado por la conciencia de sus propias deficiencias. Poco después de llegar, escribió a sus hermanos: "En el nombre de Dios y por Su gloria, díganme plena y claramente cuál debería ser mi método de acercamiento a los paganos y a

---

[6] *Ibid*, 252. [Traducción propia.]

los moros del país al que voy ahora. Es mi esperanza que, por medio de ustedes, Dios me enseñe cómo debo proceder para convertirlos a Su santa fe. Sus cartas me mostrarán qué equivocaciones evitar, qué métodos erróneos debo cambiar". También estaba conmovido por la gran necesidad misionera. "Polvo y cenizas como soy, y hecho para sentirme más diminuto y despreciable al testimoniar con mis propios ojos la necesidad de los sacerdotes aquí afuera, sería por siempre el esclavo de todos los que tengan el corazón para venir y trabajar en esta vasta viña del Señor."[7]

Pero Javier nunca fue alguien que se quedara pensando en las dificultades. Su optimismo natural y vigoroso, profundizado y purificado por una intensa confianza en Dios, lo vio pronto erguido y activo. Así es como uno de sus auxiliares misioneros describió su enfoque para llevar el Evangelio a los goanos:

> Iba y venía por las calles y las plazas con una campana en la mano, gritando a los niños y a otras personas para que fueran a las instrucciones. La novedad del procedimiento, nunca antes visto en Goa, atraía una gran multitud a su alrededor, a la que luego él guiaba a la iglesia. Empezaba cantando las lecciones que había rimado y, luego, hacía que los niños las cantaran para que se les grabaran mejor en la memoria. Después explicaba cada punto de la manera más sencilla, usando solo palabras que la joven audiencia pudiera entender fácilmente. Mediante este método, que desde entonces se ha adoptado en toda la India, él inculcaba tan profundamente las verdades y los preceptos de la fe en el corazón de las personas, que los hombres y las mujeres, los niños y los ancianos, se aficionaron a cantar los Diez Mandamientos mientras recorrían las calles, así

---

[7] *Ibid*, 128–9. [Traducción propia.]

como hacía el pescador en su bote y los campesinos en los campos, para entretenerse y recrearse.[8]

Antes que ser un profundo pensador analítico, Francisco tenía un gran corazón; pero su capacidad intuitiva para llegar a las personas lo ayudó a ser el primero en usar métodos de evangelización que pusieron el énfasis en hallar puntos de contacto entre el Evangelio y la cultura local. Desarrollaba, entonces, esta empresa misionera alrededor de esas áreas de comprensión, un enfoque que, desde entonces, se ha llamado aculturación misionera. El sentido instintivo de Javier del principio de aculturación se puede ver en sus relaciones con los japoneses. En la India, y luego en Malasia e Indonesia, Javier trabajó principalmente entre las clases más pobres y menos educadas, adaptando su método a sus capacidades. Al ir a Japón, Javier reconoció que estaba tratando con una población altamente sofisticada y bien educada. Abandonó su método primitivo, prestando mayor atención a las formas de la vida japonesa: modos de cortesía, cuidado en el vestido y delicadeza de comunicación. Supo que agitar el sombrero y hacer sonar una campana en la plaza del pueblo no era una manera de hacer que los japoneses escucharan el Evangelio. El punto puede parecernos obvio, pero era revolucionario en su tiempo. Algunos años más tarde, los principios misioneros que Javier usó por primera vez serían desarrollados de manera más sistemática por sus sucesores de la misión jesuita a Asia, Alejandro Valignano y Mateo Ricci.

El principio más poderoso en acción en la actividad misionera de Javier, si se lo puede llamar principio, era su amor evidente por aquellos a los que evangelizaba. Se

[8] *Ibid*, 120. [Traducción propia.]

ocupaba genuinamente de las personas entre las cuales trabajaba, y su cálida preocupación por ellas derribaba todas las barreras del lenguaje y la cultura. En esto Javier transcendió su era. De acuerdo con las inclinaciones de su nacimiento y su origen, Javier debería haber tenido todas las razones para menospreciar a estas personas. No tenían educación, eran pobres y, lo peor de todo, eran paganas. Muchos europeos de su tiempo las habrían visto como un poco más que animales. Pero Javier no. Le escribió a uno de sus compañeros misioneros: "Te ruego que te comportes muy amorosamente con esas personas. Aprende a perdonar y apoyar sus debilidades muy pacientemente, considerando que si no son buenas ahora, lo serán algún día."[9] Luchó contra la típica actitud de desdén entre los portugueses por las poblaciones nativas entre las cuales vivían. Para los jóvenes jesuitas que empezaban a ir a la misión, escribió: "Tengan cuidado de nunca criticar a los cristianos nativos en presencia de los portugueses. Por el contrario, deben ponerse de parte de ellos y hablar en su defensa, porque llevan tan poco tiempo como cristianos y tienen tan poca comprensión de la fe que los portugueses deberían sorprenderse al ver que son buenos. Intenten con todo su fuerza, padres, de ganarse el amor de las personas, haciendo lo que hagan por ellas con palabras de amor".[10] Sentía una predilección especial por los japoneses: "Son la mejor raza descubierta hasta ahora— escribió—y creo que, entre los no cristianos, difícilmente se encuentre una igual".[11]

Fue la fuerza de su corazón lleno de amor, reflejo del corazón de Cristo, lo que hizo a Javier tan entusiasta para

---

[9] *Ibid*, 167. [Traducción propia.]
[10] *Ibid*, 312. [Traducción propia.]
[11] *Ibid*, 361. [Traducción propia.]

ganar adeptos para la misión. Dos años después de su llegada a la India, escribió una carta a sus hermanos jesuitas que circuló ampliamente y creó una tormenta en Europa, inspirando a muchos hombres jóvenes a unirse a la obra misionera.

> Aquí hay multitudes que no se vuelven cristianas solo porque no hay nadie preparado para la santa tarea de instruirlas. A menudo me he sentido fuertemente conmovido para acercarme a las universidades de Europa, especialmente a París y su Sorbona, y gritar en voz alta como un loco a aquellos que tienen más aprendizaje que buena voluntad para emplearlo provechosamente, ¡diciéndoles cuántas almas le faltan al Cielo y caen al Infierno por su negligencia! Temo que muchos universitarios siguen sus estudios y se adaptan a las regulaciones simplemente para alcanzar dignidades, beneficios, obispados; que cuando los logren, dicen, habrá tiempo suficiente para servir a Dios. [...] ¡Cuántas multitudes de gentiles se volverían cristianas si solo hubiera sacerdotes para ayudarlas! [...] Aquí, las personas se acercan a la Iglesia en tal número que mis brazos están a menudo casi paralizados con los bautismos y mi voz se agota por completo al repetir interminablemente en su lengua el Credo, los mandamientos y las oraciones.[12]

El amor de Javier por aquellos a los que evangelizaba provocaba una severa reprobación de su parte para con los portugueses que los maltrataban y daban un pobre ejemplo de fe cristiana. Constantemente amonestaba a los funcionarios del gobierno que desviaban la mirada de prácticas ilegales e injustas en aras de una ganancia personal. A los seis años de su misión, escribió una carta al rey Juan de Portugal, quien estaba interesado en la difusión de la fe y había buscado a los jesuitas para la misión india. Javier estaba enojado por las expoliaciones de los gobernadores designados:

[12] *Ibid*, 157–8. [Traducción propia.]

Si él [el gobernador en cuestión] pasa por alto llevar a cabo las intenciones de su Alteza de promover grandemente el crecimiento de nuestra santa fe, asegúrele que usted está determinado a castigarlo y dígale con un juramento solemne que, cuando él regrese a Portugal, usted declarará perdidas todas sus propiedades y que, además, lo encadenará varios años [...]Si el Gobernador comprende que usted ciertamente piensa lo que dice, toda la isla de Ceilán será cristiana en un año, y también lo serán muchos reyes, como los de Malabar, los del cabo Comorín y muchos otros lugares.[13]

Pero si no, "su Alteza no necesita contar con ningún aumento de nuestra fe ni la perseverancia de aquellos que hoy son cristianos, no importa cuántos nombramientos ni disposiciones haga".[14] Era una carta atrevida para enviar a un rey.

El amor de Javier por las personas estaba más que correspondido en el amor que sentían por él. Su personalidad atrayente y su servicio incansable les ganaba el corazón y las atraía a él. Cada vez que iba a dejar una de las misiones, las personas se reunían a su alrededor y le rogaban que se quedara. Javier escribió sobre una de tales experiencias: "Cuando llegó el momento de partir, me embarqué cerca de la medianoche para así evitar el llanto y los lamentos de mis devotos amigos, hombres y mujeres. Pero mis amigos me encontraron y no pude esconderme de ellos. La noche y la despedida de estos mis hijos e hijas me ayudaron a sentir mi falta de merecimiento."[15] Un japonés que había pedido primero a Javier la posibilidad de ir a su pueblo dijo de él: "Daría cien veces mi vida por el amor que le tengo."[16]

---

[13] *Ibid*, 306–7. [Traducción propia.]
[14] *Ibid*. [Traducción propia.]
[15] *Ibid*, 283. [Traducción propia.]
[16] *Ibid*, 312. [Traducción propia.]

El último viaje de Javier

Javier había estado en la misión india durante diez años y lejos de Roma durante doce, cuando Ignacio, su amigo y superior, pensó que había llegado el momento de que regresara a Europa. No había duda de que Ignacio se llenaría de alegría al volverlo a ver, pero más importante era su convicción de que Javier podría hacer más que cualquiera al hablar a las autoridades europeas sobre las necesidades y las posibilidades de las misiones en el extranjero. Por consiguiente, le envió la directiva: "Buscando siempre el servicio más grande de Dios y la ayuda a las almas de esas partes, y considerando cuánto depende de Portugal su bienestar, he determinado ordenarte, en virtud de la santa obediencia, que aproveches la primera oportunidad de un buen pasaje a Portugal, en el nombre de Cristo nuestro Señor".[17] Pero, cuando la carta llegó a Goa, hacía siete meses que Francisco había muerto.

Durante su tiempo en Japón, Javier había oído sobre China. No sabía nada de su idioma y poco de sus costumbres; pero sabía que era un país grande y civilizado, regido por la ley y muy respetado por los japoneses. Con tan poco conocimiento, pero con un gran deseo de expandir el Evangelio, se dispuso a conquistar el Reino Medio para Cristo. "Tengo gran esperanza—le escribió a Ignacio—de que, por medio de las labores de la Compañía de Jesús, tanto los chinos como los japoneses abandonarán sus idolatrías y adorarán a Dios y a Jesucristo".[18] Llevó a cuatro hombres con él. Las perspectivas de llegar a China no eran grandes, pero Javier no se atemorizaba con facilidad. Hicieron el largo viaje desde Goa hasta la isla de Shangchuan, no lejos de Cantón. Allí esperaron,

[17] *Ibid*, 464. [Traducción propia.]
[18] *Ibid*, 492. [Traducción propia.]

mientras Javier vigilaba día tras día el mar esperando la embarcación mercante que los llevaría hasta el continente. El barco prometido nunca llegó, y Javier se enfermó. Después de algunas semanas de enfermedad, el aparentemente imparable dínamo de energía misionera tuvo una muerte tranquila, diciendo el nombre de Jesús y de María.

Podría haber algo parecido a las hazañas sin esperanzas del Quijote de Cervantes en los intentos de Javier de dominar el Imperio chino de tal manera. Pero su insólita iniciativa para con esa gran civilización se puede leer mejor en el terreno del Espíritu que en sus inmediatas posibilidades prácticas. El jesuita que finalmente fundó una misión china, Mateo Ricci, registró el logro de Javier: "Todas las estratagemas del Bienaventurado Padre para entrar en China dieron en tierra, pero podemos creer que si él no pudo obtener de Dios el privilegio para sí mismo, lo obtuvo en el Cielo para nosotros, sus compañeros, que, contra toda esperanza humana, tuvimos éxito cuando él llevaba treinta años muerto".[19]

Los restos de Javier volvieron lentamente a Goa. Cuando su cuerpo llegó finalmente a la ciudad, hubo una manifestación espontánea de emoción. Las campanas tañeron, se reunieron miles de personas y toda la ciudad se conmocionó hasta los cimientos. Durante cuatro días, las multitudes llenaban la iglesia donde yacía el gran misionero, esperando la oportunidad de tocar o besar el cuerpo, el cual, aunque llevaba un año de muerto, estaba incorrupto y fresco. Un año y medio después, se exhumó el cuerpo y un médico atestiguó que no estaba embalsamado y que seguía preservado. Un siglo y medio después, se volvió a abrir el ataúd y se encontró el cuerpo en un notable estado de preservación. Como

---

[19] *Ibid*, 520. [Traducción propia.]

su cuerpo, el recuerdo de Javier ha permanecido fresco. Y, aunque nunca pudo regresar a Roma, la mano y el antebrazo derecho, con el cual realizó tantos bautismos, se llevó de regreso a la iglesia del Gesù, donde yace cerca de los restos de Loyola. Hay una pertinencia en esta unión final de los dos amigos. Ignacio había amasado mucho de su propio espíritu misionero en esa masa grumosa de Francisco Javier que en cualquier otra, y Javier había llevado ese espíritu consigo, unido a su voluntad indomable y a su profunda fe, incluso hasta el fin del mundo.

Capítulo tres

Santa Teresa de Ávila

"Solo Dios basta."

Dondequiera que el Reino de Dios se predique y se viva, habrá entre los fieles algunos llamados a una vida de contemplación consagrada. Las figuras bíblicas de Elías y Juan el Bautista en el desierto, de Simeón y Ana rezando en el Templo de Jerusalén y de María, la hermana de Marta y Lázaro, sentada a los pies de Cristo han resonado a lo largo de los siglos como ejemplos de una expresión esencial del discipulado cristiano. "Nosotros, pues, no nos fijamos en lo que se ve", escribió san Pablo, "sino en lo que no se ve; porque las cosas visibles duran un momento, pero las invisibles son para siempre" (2 Co 4, 18). De acuerdo con la visión de la realidad que dio Cristo, la totalidad del mundo que se ve es una especie de vestido exterior que reposa sobre las realidades invisibles, y el verdadero propósito de la vida es utilizar las cosas que se ven para aproximarse al mundo invisible, el más importante y duradero. Siendo esto así, tiene sentido que Jesús defendiera a María de las quejas de su hermana Marta e insistiera en que, al quedarse mirándolo, María había elegido "la mejor parte", lo que es necesario (cf. Lc 10, 41).

En los largos siglos del cristianismo, desde la explosión del movimiento monástico en el Egipto del siglo IV hasta la cristalización del espíritu contemplativo en las comunidades

51

religiosas de muchos lugares y muchas épocas, los hombres y las mujeres contemplativos han jugado un papel de importancia en la vida de la Iglesia fuera de toda proporción a sus números. Han sido una especie de corazón espiritual, un órgano vital del Cuerpo de Cristo, que ha mantenido a todo el pueblo cristiano en adecuada relación con las realidades eternas. A través de su oración intercesora, su lucha contra fuerzas demoníacas, su constante canto de alabanza elevado al Cielo, su visión del mundo invisible que mantienen clara y presente, y el encarnar en su tiempo la esperanza cristiana de la eternidad, la vida a menudo oculta de los contemplativos ha conseguido para la Iglesia gran parte de su potencia espiritual. Así como van los contemplativos, así va la Iglesia como un todo. Por lo tanto, no es extraño hallar que muchos de los conflictos espirituales giran en torno a estas congregaciones.

El ataque a la vida contemplativa proviene de dos direcciones principales. La primera de ellas es un asalto frontal a la idea misma de una vida entregada por completo a la oración y la soledad. Dado que la vida contemplativa pierde sentido ante cualquier cosa que se aleje de la existencia de un mundo invisible, es un desafío permanente para la mundanidad. Para la persona carente de fe, apenas puede parecer otra cosa más que un desequilibrio mental pasar todo el tiempo de uno en lo que se consideran solamente fantasmas. A los contemplativos se los ha llamado antisociales, que llevan a quienes podrían ser miembros útiles para la sociedad a la ociosidad y el ensimismamiento, que rompen familias y que condenan a hombres y mujeres sanos a una existencia infructuosa. Cuanto menos, se los ha tomado por tontos que malgastan su tiempo en asuntos sin importancia mientras el gran mundo les pasa de largo. No por nada fue que los ejércitos revolucionarios franceses destruyeran todos los monasterios a su paso o que Napoleón obligara a que se disolviera cualquier orden religiosa que no pudiera demostrar su inmediata utilidad social. Para aquellos que enérgicamente se dedicaban a una visión del mundo que comenzaba y terminaba con lo que se ve, era necesario destruir la influencia cultural y espiritual de esos monumentos al mundo invisible. Pero aun para los creyentes, "la mejor parte" que eligió María puede presentar un problema. Los otros cristianos han acusado a los contemplativos de cobardía por intentar escaparse de las duras realidades del mundo y les han reprochado la holgazanería de eludir las responsabilidades cristianas de evangelizar y servir a los necesitados. La defensa de Jesús a María ha sido un correctivo necesario en todas las épocas.

Un segundo ataque a la vida contemplativa es más sutil y surge de un proceso más feliz y más natural, pero no menos debilitante. Un antiguo dicho expresa que los contemplativos abandonan el mundo y entonces el mundo trata de buscar a los contemplativos. Una y otra vez, el patrón se sigue repitiendo: un individuo o un grupo de hombres o de mujeres se han apartado de la sociedad normal y han buscado la soledad y la pobreza para seguir la vocación contemplativa. Como Antonio, han penetrado en un desierto inhóspito o, como Benito, han buscado la soledad en las cuevas de las montañas. Se han internado en bosques oscuros e indómitos como Bruno y Bernardo, o más curiosamente, se han establecido en plataformas elevadas en medio de la ciudad como Simeón el Estilita.

Pero dondequiera que hayan ido y por mucho que hayan tratado de huir del mundo, el mundo los ha seguido. Para su gran sorpresa, los contemplativos han resultado comúnmente miembros importantes de su sociedad, rodeados de los paramentos de la utilidad e inclusive del poder y la riqueza. San Benito ha sido llamado el padre de la civilización europea y no sin buenas razones; aunque fundar y salvar una civilización no se encontrara entre sus pretendidos logros. Todo parece haber sucedido bastante inocentemente, hasta por una especie de accidente: la fortaleza innata de una vida centrada en el culto a Dios y el dominio de uno mismo se desborda en toda forma de beneficios sociales.

Pero esta integración de los contemplativos en la vida social normal trae consigo una mundanalidad insidiosa. El gran peligro de una casa de contemplación no es que vaya a convertirse en un antro de iniquidad; a pesar de la niebla de la Leyenda Negra, pocos monasterios o conventos de la historia han sido lugares de maldad ostensible. Cuando la vida contemplativa se corrompe, normalmente los monjes y las monjas no se vuelven criminales. Su problema, uno que con frecuencia es el más difícil de resolver, es que se sienten cada vez más cómodos. En vez de mantener su verdadera naturaleza, que es ser una avanzada de oración alerta, fortalezas de primera línea contra el poder de la oscuridad, baluartes de la soledad que preservan la naturaleza fundamentalmente mística de la Iglesia mediante su culto y su testimonio, recurren a hospedajes agradables para los que tienen un espíritu inclinado a disfrutar una vida de relativa comodidad. En 1662, en la ciudad de Ávila, España, un puñado de monjas de la orden de las carmelitas crearon una nueva fundación bajo la protección de san José. Su priora fue Teresa Sánchez de Cepeda y Ahumada, de cuarenta y siete años de edad. La fundación resultaría ser un suceso significativo en la reforma de la vida contemplativa de la Iglesia y, por ende, de gran importancia para la vida de la Iglesia como un todo. Y en el carácter y los escritos de Teresa de Ávila, la Iglesia obtuvo una personalidad destacada y una fuente de vitalidad espiritual que ha llegado mucho más allá del mundo carmelita.

Teresa es una figura extremadamente atractiva. Ha sido una de las santas preferidas de España. Acerca de su popularidad, dice algo el hecho de que haya sido propuesta como patrona de su país, lo que habría significado desplazar al gran apóstol Santiago. Su autobiografía ha sido el libro más leído en España después del *Don Quijote* de Cervantes. Sus obras sobre la oración son clásicos espirituales y, cuando en 1970 el papa Pablo VI la declaró Doctora de la Iglesia, se convirtió en la primera mujer en haber recibido ese honor. No obstante, si bien para los modernos ha sido atractiva, también ha sido difícil de entender. Una era que ha perdido la afinidad con sus antepasados y que poco comprende la fe tradicional puede encontrar en Teresa un manojo de contradicciones. Ella es una personalidad tan incontenible, tan llena de cordialidad y honestidad, y tan obviamente fuerte y valiente que queremos que sea una de nosotros. ¿Pero cómo pudo una mujer tan talentosa haber deseado encerrarse en un convento? ¿Cómo pudo una persona tan determinada haber vivido de tan buen grado bajo la autoridad de la Iglesia y de la corona en una época en la que la Inquisición española estaba en su apogeo? Así encontramos la manera de equilibrar la aparente paradoja. Teresa fue una protofeminista irreverente. Era una operadora políticamente inteligente que sabía cómo fingir obediencia para abrirse camino en un mundo autoritario; y quizás con mayor persistencia y a pesar de su fe católica y su profesión como monja carmelita, fue capaz de ser "su propia persona". Pero la gloria de santa

Teresa es precisamente que ella invirtió todas las energías de su mente y su voluntad para asegurarse de no ser su propia persona. Con toda la considerable fuerza de su ser, quería pertenecer a otro. Es un ejemplo brillante de la verdad que enseñó Cristo de que la libertad perfecta se halla en la obediencia perfecta, de que crecemos más cuando nos hacemos más pequeños y de que más nos encontramos en todas las particularidades de nuestra personalidad exactamente cuando más nos perdemos en Dios.

Primeros años de la vida y conversión de Teresa

Teresa nació en 1515 en la región de Ávila, en España, y fue la sexta de doce hijos. Su padre era un comerciante acaudalado que había comprado un título de caballero. Su madre provenía de una familia de la alta nobleza española. Su abuelo paterno era judío y había sido rebajado a *converso*, alguien convertido al catolicismo pero a quien la Inquisición había hallado manteniendo algunos aspectos de la práctica o la creencia judía. Pero esta mácula en el noble linaje de la familia había sido callada y olvidada. El hogar en el que se crió Teresa era cómodo y devoto. Desde pequeña había quedado claro que tenía fuertes dones de personalidad. Era extrovertida y atractiva, y sabía cómo agradar a quienes la rodeaban. Era una líder natural entre sus amigos y sus hermanos.

El primer impacto serio en la vida de Teresa llegó a sus catorce años, cuando su madre, a quien ella era muy apegada, murió. Dos años después, la enviaron a la escuela de un convento, pero no pasó mucho tiempo hasta que la frágil salud que la seguiría toda la vida la obligara a regresar a su casa. A los veinte años, se escapó y, sin decirle a su padre, ingresó en el Convento Carmelita de la Encarnación, un monasterio sólidamente establecido en Ávila donde residían unas 150 monjas. Su decisión de entrar en la vida religiosa era sincera, pero no particularmente apasionada. Parecía algo así como un matrimonio por conveniencia. Teresa no dudaba de las verdades de la fe católica y, como quería conseguir la salvación, pensaba que entrar en un convento era la manera más segura de alcanzar ese fin. En esto se parecía a muchas de sus contemporáneas en las comunidades religiosas.

Teresa comienza su autobiografía con el siguiente mandato al lector:

> Y por esto pido, por amor del Señor, tenga delante de los ojos quien este discurso de mi vida leyere, que ha sido tan ruin que no he hallado santo de los que se tornaron a Dios con quien me consolar. Porque considero que, después que el Señor los llamaba, no le tornaban a ofender. Yo no sólo tornaba a ser peor, sino que parece traía estudio a resistir las mercedes que Su Majestad me hacía.[1]

Estas fuertes palabras, repetidas de diferentes maneras a lo largo de su relato, podrían parecer que señalan un pasado que había estado repleto de la peor clase de injusticias. Pero en la vida de Teresa nunca hubo un momento, desde su infancia en adelante, en el que no fuera una cristiana creyente, que rezara sus oraciones, evitando los pecados graves y viviendo bajo la sombra de las enseñanzas de la Iglesia. No fue una Magdalena, un Agustín ni un Ignacio: alguien llegado a la fe después de haber deambulado lejos de Dios. Aun cuando escribe de esta manera, no está fingiendo una pose ni recitando de memoria frases devotas; la evidente honestidad de su autoevaluación

---

[1] Santa Teresa de Jesús, *El libro de la vida*, Prólogo. (http://www.santateresadejesus.com/wp-content/uploads/Libro-de-la-Vida.pdf).

descarta esa posibilidad. ¿Qué pudo haber querido decir acusándose de semejante maldad?

Algunos han visto en esta condena que Teresa hace de sí misma la expresión de un espíritu herido al que han aplastado las excesivamente estrictas exigencias de un padre que imponía una férrea disciplina y ha sido oprimida luego por su experiencia de mujer y de persona con sangre judía en la España del siglo XVI. Para ponerlo en términos terapéuticos modernos, ella se denigraba porque era alguien con baja autoestima que se veía a sí misma desde un punto de vista erróneamente negativo. La dificultad con esta lectura es que no hay virtualmente nada en el modo en que Teresa llevaba su vida que indicara esta clase de herida. Ella tenía toda la confianza y la seguridad en sí misma que su noble educación española le había provisto, una actitud de carácter firme y audaz que con frecuencia se describía como masculino, junto con una percepción práctica de los demás que le permitía ver el mundo bajo una lente irónicamente divertida. Contaba con una medida generosa de coraje y resiliencia en todas sus relaciones con el mundo. Su sentido de su propia maldad no era de ninguna manera observable un síntoma psicológico. Su origen estaba en otra parte.

Teresa no es la única con este santo hábito de condenarse a sí misma. También está especialmente presente en Francisco de Asís y en Felipe Neri, dos de las personalidades más alegres conocidas en la historia. Paradójicamente, su alegría en la vida y su consternación ante su propia oscuridad tienen el mismo origen: una profunda inserción en el ser de Dios. Quienes están más cerca de Dios ven más claramente su amor y su misericordia; también ven más claramente que los demás el horror de una voluntad que se aparta de él.

Así ocurría con Teresa: los pecados que veía en sí misma no eran cosas de tabloide. Pero, donde una gran luz se da y un gran amor está presente, hasta una ofensa aparentemente pequeña se vuelve un asunto grave.

En cualquier caso, mientras ordena su vida interior, Teresa nota que a poco de haber entrado en el convento, durante un extenso período de grave enfermedad, se le había otorgado la gracia de la oración y la unión con Dios, pero en ese momento dio la espalda a esa gracia y por muchos años evito rezar. Durante esta época, vivió en apariencia como una carmelita modelo de acuerdo con las costumbres del momento—era fiel a las oraciones comunitarias y llevaba una vida ordenada—, pero no practicaba regularmente la oración meditativa, o mental. En consecuencia, empezó a perderle el gusto a la vida de virtud. "[Y] yo que de vana", escribe, "me sabía estimar en las cosas que en el mundo se suelen tener por estima".[2] Dado que hacía muchas cosas que daban la apariencia de virtud, se le otorgó una amplia libertad para recibir visitas y para salir del monasterio a visitar a otras personas. "Porque aunque algunas veces se traslucían mis vanidades, como veían [las hermanas] otras cosas que les parecían buenas, no lo creían".[3] Ella describió el tenor general de su vida como respetable en lo externo, pero miserable internamente:

[P]asé este mar tempestuoso casi veinte años, con estas caídas y con levantarme y mal -pues tornaba a caer-y en vida tan baja de perfección, que ningún caso casi hacía de pecados veniales, y los mortales, aunque los temía, no como había de ser, pues no me

---

[2] *Ibíd*, Capítulo 7, 2.
[3] *Ibíd*, Capítulo 7, 18.

apartaba de los peligros. [...]; porque ni yo gozaba de Dios ni traía contento en el mundo.[4]

Dijo de su experiencia que "es una de las vidas penosas que me parece se puede imaginar".[5] Un convento puede ser un refugio de las distracciones y las batallas externas, pero esa protección de lo de afuera solo destaca las batallas internas del alma con mayor claridad. Esas luchas interiores, cuando se las enfrenta con honestidad, pueden ser lo más difícil de manejar. Y Teresa no era otra cosa más que honesta.

No obstante, durante este período de desdicha, Dios estaba preparando algo extraordinario para ella. En un determinado momento, su deseo por la oración meditativa empezó a crecer otra vez y experimentó una nueva gracia y facilidad al practicarla. El cambio radical llegó al ver de casualidad una estatua de Cristo agonizante, que habían traído al convento para la celebración de un festival. Tocada por la gracia de Dios, vio los sufrimientos de Cristo desde otro punto de vista y la carcomió el remordimiento por la debilidad de su respuesta. Se sintió traspasada, y quedó paralizada ante la estatua llorando hasta que estuvo segura de que sus oraciones por una vida más profunda en Cristo habían sido respondidas. Recibió la gracia de hacer el último ofrecimiento de sí misma sin recibir nada a cambio, para convertirse, como más tarde diría, en una sierva del amor. Con frecuencia decía que esta experiencia había sido su segunda, y más profunda, conversión. El cambio se nota radicalmente en su autobiografía:

---

[4] *Ibíd*, Capítulo 8, 2.
[5] *Ibíd*, Capítulo 8, 2.

Es otro libro nuevo de aquí adelante, digo otra vida nueva. La de
hasta aquí era mía; la que he vivido desde que comencé a declarar
estas cosas de oración, es que vivía Dios en mí, a lo que me parecía.[6]

La "segunda conversión" de Teresa tuvo lugar a sus cuarenta
años, en 1555. En el proceso, la ayudaron mucho el fraile franciscano Pedro de Alcántara y los jesuitas, que recientemente
se habían establecido en España, particularmente Francisco
de Borja, quien por un tiempo fue su confesor. Durante los
cinco años siguientes, Teresa experimentó una revolución
espiritual. Perdió el interés en las visitas sociales que antes
le resultaban tan atractivas y se sumergió más hondamente
en la oración. Recibió muchas gracias de contemplación en
forma de visiones y locuciones, y a menudo se sumergía en
una oración silenciosa de unión con Dios. Fue durante esta
época que tuvo la experiencia, famosamente captada por la
escultura de Bernini que se encuentra en la Iglesia de Santa
María de la Victoria, en Roma, de haber sido dolorosamente
atravesada por el amor de Dios. Teresa escribe:

[V]eía un ángel cabe mí hacia el lado izquierdo, en forma corporal,
[...] no era grande, sino pequeño, hermoso mucho, [...] Veíale en las
manos un dardo de oro largo, y al fin del hierro me parecía tener
un poco de fuego. Este me parecía meter por el corazón algunas
veces y que me llegaba a las entrañas. Al sacarle, me parecía las
llevaba consigo, y me dejaba toda abrasada en amor grande de Dios.
Era tan grande el dolor, que me hacía dar aquellos quejidos, y tan
excesiva la suavidad que me pone este grandísimo dolor, que no
hay desear que se quite, ni se contenta el alma con menos que Dios.
No es dolor corporal sino espiritual, [...] Es un requiebro tan suave
que pasa entre el alma y Dios.[7]

[6] *Ibíd*, Capítulo 23, 1.
[7] *Ibíd*, Capítulo 29, 13.

Durante este período de cinco años, Teresa fue educada en las maneras de la oración contemplativa que conformarían el contenido de sus libros y sus enseñanzas espirituales.

Su inmersión en la vida de Dios la enfrentó con una paradoja cristiana que ha impregnado la vida de muchos santos. Jesús dijo a sus discípulos: "Amarás al Señor tu Dios con todo tu corazón, con toda tu alma, con toda tu inteligencia y con todas tus fuerzas" (Mc 12, 30). Dijo además: "Yo les voy a mostrar a quien deben temer: Teman a Aquel que, después de quitarle a uno la vida, tiene poder para echarlo al infierno. Créanme que es a ése a quien deben temer" (Lc 12, 5). Para muchos, amor y temor son propensiones mutuamente exclusivas. Creemos que no podemos amar a lo que tememos y no podemos temer a lo que amamos. En Teresa, su conversión más profunda significó la integración de su respuesta a la presencia de Dios a un nivel superior. Experimentó que tanto su amor como su temor a Dios crecían rápidamente el uno con el otro.

En cuanto al amor a Dios: El caluroso corazón de Teresa desbordaba permanentemente con expresiones de su deleite por el amor y la misericordia de su Bienamado.

> ¡Oh bondad infinita de mi Dios, que me parece os veo y me veo de esta suerte! ¡Oh regalo de los ángeles, que toda me querría, cuando esto veo, deshacer en amaros! ¡Cuán cierto es sufrir Vos a quien os sufre que estéis con él! ¡Oh, qué buen amigo hacéis, Señor mío! ¡Cómo le vais regalando y sufriendo, y esperáis a que se haga a vuestra condición y tan de mientras le sufrís Vos la suya! ¡Tomáis en cuenta, mi Señor, los ratos que os quiere, y con un punto de arrepentimiento olvidáis lo que os ha ofendido![8]

[8] *Ibíd*, Capítulo 8, 6.

La totalidad de la vida de Teresa fue un extenso acto de amor ofrecido a Dios, quien significaba todo para ella.

En cuanto al temor a Dios: Teresa anotó una visión que había recibido en la cual se le mostraba el lugar que el diablo había preparado para ella en el Infierno. Esta visión le resultó muy perturbadora: "Yo quedé tan espantada, y aún lo estoy ahora escribiéndolo, con que ha casi seis años, y es así que me parece el calor natural me falta de temor aquí adonde estoy". Sin embargo, ella entendía que esta horrible experiencia era consecuencia de su amor y para profundizar su amor. "Y así torno a decir que fue una de las mayores mercedes que el Señor me ha hecho, porque me ha aprovechado muy mucho, así para perder el miedo a las tribulaciones y contradicciones de esta vida, como para esforzarme a padecerlas y dar gracias al Señor que me libró, a lo que ahora me parece, de males tan perpetuos y terribles".[9]

Fundaciones misioneras de Teresa

Los orígenes de la orden de las carmelitas se pierden en una confusión de historia incierta y leyenda dorada. Las primeras tradiciones dentro de la orden sostenían que la había iniciado el profeta Elías. A decir de todos, la Bienaventurada Madre intervino de manera decisiva en la inspiración de su fundación; el nombre oficial de la orden masculina es "Orden de la Bienaventurada Virgen María del Monte Carmelo". El sitio del monte Carmelo, en Israel, parece haber sido tradicionalmente un lugar preferido de los ermitaños. En 1185, se encontró que vivía allí un grupo de monjes y el patriarca latino del cruzado reino de Jerusalén les dio una regla. Este acontecimiento marca el comienzo oficial de las

---

[9] *Ibíd*, Capítulo 32, 4.

carmelitas como orden católica. El creciente peligro de los sarracenos y la tensión existente entre las Iglesias de oriente y occidente motivaron que la orden se reubicara en Europa alrededor de 1242. En 1245, con el apoyo del papa Inocencio IV, adoptaron una regla más apropiada para las condiciones europeas. Ya no clasificados como monjes, tomaron su lugar junto a las tres órdenes mendicantes existentes (franciscanos, dominicos y agustinos), lo que quería decir, entre otras provisiones, que no se les exigía trabajar, sino que podían vivir de la caridad. Como las otras órdenes mendicantes, los carmelitas crecieron rápidamente y se diseminaron por toda Europa. Luego, en 1432, en lo que llegó a ser una cuestión controvertida, el papa Eugenio IV le permitió a la orden una regla diferente, que flexibilizaba mucho la austeridad de sus inicios. Este nuevo conjunto de constituciones dio en llamarse la regla mitigada. El Convento de la Encarnación, en Ávila, al que Teresa ingresó, se conducía bajo la disciplina de esta regla.

La profunda conversión de Teresa desencadenó en ella un creciente deseo de vivir bajo una regla de vida más estricta, una que incluyera más tiempo de contemplación, más ascetismo y ejercicios penitenciales, y mayor aislamiento del mundo. Teresa anhelaba la antigua expresión del carisma carmelita y llegó a pensar que la orden necesitaba ser reformada en una dirección más estricta. Su deseo se avivó por una visión que recibió de san José, que la alentaba a fundar otro monasterio. En 1562, sus esperanzas se hicieron realidad con la fundación del Convento de San José, en Ávila. Teresa escribió las constituciones para el nuevo monasterio basándolas en la anterior regla carmelita. Hizo hábitos de tela burda para las cuatro hermanas que se habían unido a ella en su cometido. La nueva reforma recibió el nombre de Carmelitas Descalzas; y aunque las hermanas rara vez andaban sin calzado, adoptaron las ásperas sandalias campesinas típicas de la época, como un signo de su pobreza por elección. Inicialmente Teresa propuso limitar el número de monjas a doce, para evitar que el convento se volviera demasiado cómodo o poderoso. Acerca de la nueva fundación, escribió: "[S]u consuelo era su soledad, y así me certificaban que jamás de estar solas se hartaban, y así tenían por tormento que las viniesen a ver, aunque fuesen hermanos; la que más lugar tenía de estarse en una ermita, se tenía por más dichosa)".[10]

El nuevo Convento de San José era una empresa bastante modesta. Sin embargo, disparó en Ávila una borrasca de luchas y controversias tan grande que el sacerdote que servía como capellán dijo que era como si a la ciudad la hubiera atacado simultáneamente un incendio, una plaga y un ejército invasor. "Espantábame yo", escribió Teresa, "de lo que ponía el demonio contra unas mujercitas y cómo les parecía a todos era gran daño para el lugar solas doce mujeres y la priora, que no han de ser más [...] y de vida tan estrecha".[11] Podríamos preguntarnos, ¿por qué todo este alboroto? ¿Por qué tan dura oposición a lo que era una iniciativa loable, o por lo menos inofensiva? Comprender el virulento antagonismo a Teresa y su reforma es abrir una ventana a otro tipo de sociedad, una que tomaba las cuestiones espirituales con mucha seriedad, convencida de que tenían profundas implicaciones prácticas. La España de los días de Teresa tenía cien mil hombres y mujeres en órdenes

---

[10] Santa Teresa de Jesús, *El libro de las fundaciones*, Capítulo 1, 6. (http://www.santateresadejesus.com/wp-content/uploads/Las-Fundaciones.pdf).
[11] Santa Teresa de Jesús, *El libro de la vida*, Capítulo 36, 19.

religiosas. Esas comunidades religiosas estaban en el centro de la vida española y un acontecimiento significativo entre ellas se sentía en todos los niveles de la sociedad, desde el rey hasta el campesinado.

La oposición a la nueva fundación de Teresa provino de diversas áreas y por razones diferentes. Primero, había una crítica implícita a la vida carmelita existente en la propia noción de una reforma necesaria. Muchas carmelitas se resentían ante este dedo acusador. "Estaba muy malquista en todo mi monasterio, porque quería hacer monasterio más encerrado", escribió Teresa. "Decían [las monjas] que las afrentaba, que allí podía también servir a Dios, pues había otras mejores que yo; que no tenía amor a la casa, que mejor era procurar renta para ella que para otra parte. Unas decían que me echasen en la cárcel".[12] Un segundo conjunto de cuestionamientos venían de ciertos teólogos de la Inquisición. Teresa era conocida por haber recibido gracias místicas y a los responsables de la disciplina de la Iglesia les preocupaban las ramificaciones potencialmente explosivas de las experiencias visionarias. La Reforma protestante se había agitado a través de la cristiandad occidental y había destrozado muchos estados europeos, con frecuencia a causa de declaraciones proféticas de especial revelación. En España estaban también los "iluminados", que sostenían que su conexión mística con Dios suprimía su necesidad de una Iglesia y la vida sacramental. En aquella época, era comprensible, si no encomiable, encontrar autoridades de la Iglesia excesivamente atentas a los movimientos místicos, que opinaban que era mejor estar a salvo aun a riesgo de sofocar la inspiración genuina. Esta actitud reacia al

---

[12] *Ibíd*, Capítulo 33, 2.

riesgo significaba que, para muchas autoridades, cualquier declaración de experiencia mística quedaba inmediatamente bajo sospecha. Sin embargo un tercer conjunto de cuestiones venían de la insistencia de Teresa de que la nueva fundación no debía recibir donaciones, por temor a que las hermanas no pudieran practicar la pobreza verdadera. El obispo de Ávila y muchos de sus habitantes se oponían al establecimiento de una casa religiosa más que necesitaría mantenerse con la caridad de los residentes de la ciudad; y otras órdenes religiosas cuyo sustento provenía de las limosnas recaudadas no estaban contentas de que apareciera un competidor de los posibles fondos.

No obstante y a pesar de la formidable oposición, el monasterio se fundó gracias a la combinación en Teresa de ferviente fe, personalidad ganadora y habilidad para gestionar las cuestiones prácticas. Con la fundación del Convento de San José, Teresa adoptó el nombre de Teresa de Jesús; tenía ahora cerca de cincuenta años y creía que había encontrado un lugar de oración y aislamiento donde podría vivir el resto de sus días en relativa paz. "Mas, como no estoy adonde me vean", escribió hacia el final de su autobiografía, "parece ya fue el Señor servido echarme a un puerto, que espero en Su Majestad será seguro, por estar ya fuera de mundo y entre poca y santa compañía. Miro como desde lo alto, y dáseme ya bien poco de que digan, ni se sepa".[13] Pero eso no pudo ser.

Cuatro años después de fundar el nuevo convento , el general de los carmelitas hizo una visita sin precedentes a España y llegó a la ciudad de Ávila. Teresa temió que el general pudiera molestarse por el nuevo convento de las descalzas, ya que había sido fundado bajo la protección del

---

[13] *Ibíd*, Capítulo 40, 22.

obispo local en lugar de la autoridad carmelita. Se reunió con
él, le abrió su corazón con respecto a sus esperanzas de una
casa carmelita reformada y le contó cómo el convento había
sido bendecido desde su inauguración. El general, que estaba
preocupado por la reforma, se vio hondamente conmovido
por lo que vio y no solo aprobó la fundación, sino que animó
a Teresa a que hiciera cuantas fundaciones más pudiera. El
año anterior, habían nombrado papa a Pío V y nuevos aires
de reforma soplaban en la Iglesia. Así empezó para Teresa
un período de quince años de intensa actividad, que finalizó
con su fallecimiento y durante este tiempo fundó dieciséis
conventos más de las carmelitas descalzas en diversos sitios
de toda España, además de que apoyó la fundación de otras
tantas casas de frailes. En este proyecto, la ayudó, entre
otros, san Juan de la Cruz, quien ella ya había ganado como
joven sacerdote a la causa de la reforma de las carmelitas.
Habría muchas batallas por librar; las carmelitas descalzas
afrontarían un tiempo tempestuoso antes de que finalmente
les dieran el estatus de congregación por mérito propio. Sin
embargo, esa primera fundación, el Convento de San José,
que comenzó con unas pocas hermanas, fue la cuña espiritual
que abrió el campo para una fértil cosecha.

Nada muestra mejor la capacidad de Teresa de guiar a
los demás y de dirigir asuntos prácticos que su época como
priora de su propio Convento de la Encarnación, en Ávila.
Esta fue la casa donde vivió más de veinte años antes de
dejarla para fundar el Convento de San José bajo la regla
reformada. Ahora habían pasado diez años y la reforma de
Teresa estaba creciendo: entre 1567 y 1571 había fundado
ocho conventos nuevos de las descalzas y estaba cuidándolos
afanosamente. El provincial carmelita, que no era amigo de

la reforma, quería limitar la actividad de Teresa; también estaba preocupado por la laxitud y el caos administrativo del convento grande de Ávila. Entonces decidió ocuparse de ambos asuntos a la vez designando a Teresa como la nueva priora. Como era típico en ella, Teresa obedeció y dejó el futuro de la reforma en manos de Dios. Este nombramiento de Teresa tuvo en Ávila un efecto catastrófico. Siempre había sido costumbre que los miembros del convento eligieran a su superior. Imponerles algo de este modo ya era bastante arduo, pero que ese algo fuera la propia Teresa, que había arrojado el convento y la ciudad a semejante agitación diez años antes no iba a tolerarse. Mientras Teresa caminaba en solemne procesión con el provincial para asumir sus nuevas responsabilidades, los pobladores la hostigaron e insultaron. Cuando la procesión llegó al convento, lo encontró cerrado con una barricada contra ella. Luego de entrar a la fuerza, el provincial instaló a Teresa en medio de los alaridos y los gritos de las disgustadas monjas. Difícilmente podría haberse imaginado un comienzo menos propicio para un cargo.

No obstante, los tres años del mandato de Teresa fueron un éxito sobresaliente. Su primer acto al reunir a las hermanas amotinadas fue colocar una estatua de la Bienaventurada Madre en la silla de la priora, de modo que quedara claro quién era la verdadera cabeza de la casa. Les dijo a las hermanas que comprendía su posición y que no las obligaría a cumplir las prácticas más rigurosas de la reforma. Puso en orden las finanzas del monasterio, lo cual significó que, por primera vez en muchos meses, las hermanas tuvieran comida suficiente. Convocó a Juan de la Cruz como director espiritual, ministerio para el cual tenía un gran talento. Era firme y exigente, pero justa y humilde en el ejercicio de su función. Era la primera en aceptar las obligaciones prácticas más serviles y, si creía que había cometido algún error en el cuidado de sus hermanas, se postraba delante de ellas y les pedía perdón. En 1574, sus funciones terminaron. Tres años después, la reforma de las descalzas cayó bajo un nuevo ataque y, en consecuencia, a Teresa le prohibieron por un tiempo fundar otras casas y una vez más sus autoridades la confinaron al Convento de la Encarnación. Esas autoridades querían hacer que Teresa más o menos desapareciera, pero ahora sobrevino una escena increíble. El puesto de priora quedó vacante y las mismas monjas que unos años antes se habían disgustado tanto porque les habían impuesto a Teresa ahora la querían de nuevo como priora. La mayoría votó por ella, aun a riesgo de que el representante de la orden carmelita las excomulgara. Tal fue el amor y la admiración que había ganado de sus hermanas a pesar de su antigua resistencia.

Teresa se destacaba entre los místicos por su capacidad para vivir una profunda vida contemplativa incluso en medio de la intensa actividad exterior. Esta cualidad fue evidente durante toda su vida, pero especialmente considerable en el tiempo y las circunstancias de escribir el clásico espiritual *Las moradas*, o *El castillo interior*. Bajo la obediencia de sus superiores, Teresa escribió la obra en 1577, justo en el momento en que la reforma de las descalzas se encontraba bajo un serio ataque y la continuación de su existencia peligraba. Como iniciadora de la reforma, Teresa estuvo directamente en medio de esa batalla escribiendo cartas a todas las partes, manteniéndose en contacto con sus numerosas fundaciones y encargándose de las difíciles consecuencias de ser elegida priora de la Encarnación contra los deseos del provincial. La verdadera escritura del libro se llevó a cabo en dos períodos de catorce días, en los cuales escribía temprano por la mañana y tarde por la noche afrontando las obligaciones del día durante las horas intermedias. Aun así, en sus escritos, no hay señales de esas batallas externas ni de todas las angustias que ellas acarreaban. Sus hermanas recordaban que Teresa a menudo se quedaba absorta en contemplación al tomar su pluma. Una de ellas escribió más adelante: "Vi una vez, estando escribiendo el de las Moradas, y entrando yo a darla un recado, que estaba muy embebida, de suerte que no me sintió, y la vi con un rostro inflamadísimo y hermosísimo, y después de haber oído el recado dijo: 'Mi hija, siéntese un poco, déjeme escribir esto que me ha dado el Señor antes que se me olvide'. Lo cual iba escribiendo con gran velocidad y sin parar".[14]

La reforma de las descalzas capeó el temporal y Teresa, ahora una mujer de sesenta y cinco años y víctima de muchas enfermedades, estaba de nuevo en marcha. A pesar de la oposición, la reforma ganaba apoyo y había muchos pedidos de fundaciones nuevas. Teresa misma era cada vez más considerada una santa, una situación que la ponía sumamente incómoda. Toda nueva fundación significaba un extenuante viaje en todo tipo de clima, una montaña de difícil trabajo administrativo y la agobiante atención a los litigios y los falsos rumores que inevitablemente iniciaban los oponentes a la reforma. El relato de esa incesante actividad reformadora puede encontrarse en el *Libro de las fundaciones* de Teresa. En medio de sus numerosas tareas,

---

[14] Santa Teresa de Jesús, Moradas del castillo interior, Contexto histórico y literario. (http://buenjesusdeteresa.blogspot.com.ar/p/moradas-del-castillo-interior-de-santa.html).

su espíritu interior permaneció en íntima unión con Dios. "En algunos aspectos, mi alma no está realmente sujeta a las miserias del mundo como antes", escribió en esta ocasión. "Sufre más, pero siente como si los sufrimientos hirieran solamente sus vestidos; no pierde su paz".[15] Cuando sintió que llegaba su última enfermedad en medio de sus labores, ansió una vez más estar en su convento de Ávila. Pero la muerte se le adelantó y no pudo regresar.

En general, la forma de la vida de Teresa de Ávila podría parecer un tanto incongruente: una contemplativa entusiasta y aun así envuelta en las cuestiones del mundo; alguien que ansiaba el aislamiento y que aun así viajaba constantemente a todas partes de España; una monja austera que dio la espalda a las cosas de la época y a los sentidos, y que aun así poseyó hasta el final un deleite espontáneo por los amigos y la belleza del mundo natural. Pero esta combinación de cualidades es incongruente solo si no se entiende cabalmente el ideal contemplativo cristiano. Teresa, igual que todos los verdaderos contemplativos, no estaba meramente apartándose del mundo; más bien estaba acercándose a los brazos del Creador y centro del mundo, Dios mismo. Al entregarse a los amores máximos, recibió a cambio todas las cosas. No supo menospreciar los amores inferiores, solo insistía en que debían ordenarse correctamente.

Junto con sus escritos en prosa, Teresa dejó muchos poemas. El que más se recuerda entre ellos se encontró en su breviario después de su muerte, un testimonio de unión

---

[15] Shirley du Boulay, *Teresa of Ávila: An Extraordinary Life* (Katonah: Bluebridge, 1991), 245. (Traducción propia).

y calma en su vida interior en medio de la distracción y los problemas de un mundo caído pero bendito.

Nada te turbe,
Nada te espante,
Todo se pasa,
Dios no se muda.
La paciencia
Todo lo alcanza;
Quien a Dios tiene
Nada le falta;
Solo Dios basta.

Capítulo cuatro

San Juan de la Cruz

"Adonde no hay amor, ponga amor y sacará amor."

> *"Adonde no hay amor,*
> *ponga amor y sacará amor."*
> *En una noche oscura*
> *con ansias en amores inflamada,*
> *¡oh, dichosa ventura!,*
> *salí sin ser notada*
> *estando ya mi casa sosegada. [...]*
>
> *En la noche dichosa,*
> *en secreto, que nadie me veía*
> *ni yo miraba cosa,*
> *sin otra luz y guía*
> *sino la que en el corazón ardía. [...]*
>
> *¡Oh, noche que guiaste!*
> *¡Oh, noche más amable que la alborada!*
> *¡Oh, noche que juntaste*
> *Amado con amada,*
> *amada en el Amado transformada!*[1]

---

[1] Juan de la Cruz, Santo: *Poesías*; Alicante: Biblioteca Virtual Miguel de Cervantes, 2000,<http://www.cervantesvirtual.com/nd/ark:/59851/bmcft8g5>.[Consulta: 03/8/2017].

El Renacimiento de los siglos XV y XVI fue una época de una exploración creciente y cada vez más estimulante de la personalidad humana individual. Mientras los europeos estaban descubriendo continentes nuevos y se preparaban para dominarlos, así también estaban descubriendo el más oscuro y misterioso de todos los continentes, el alma humana, y, con la misma actitud intrépida del conquistador, estaban determinados a representar y dominar el nuevo terreno. Este Renacimiento vuelto hacia el interior, cuando es exagerado o desinformado por la gracia, podía terminar en el abandono de los aspectos formales del cristianismo en su totalidad, como sucedió entre los reformistas protestantes más radicales, o en una mirada introspectiva egocéntrica, como en el ensayista escéptico francés Michel de Montaigne. Para los reformadores católicos que buscaban la continuidad con la gran tradición, no había interés en subvertir las formas de la vida de la Iglesia –los Sacramentos, los ritos y la jerarquía–, pero había un deseo creciente de un encuentro interior con Cristo que se correspondería con esas formas y profundizaría la vida de la fe. Gran parte del fervor de la Reforma católica se arraigaba en un cultivo renovado de la vida interior. Los Ejercicios Espirituales de Ignacio fueron una notable expresión de este desarrollo. En Teresa de Ávila y Juan de la Cruz, el ascenso interior a Dios alcanzó alturas extraordinarias.

Las estrofas que encabezan el capítulo son del poema de Juan de la Cruz "Noche oscura". A pesar del escaso número de sus poemas, Juan de la Cruz se ha ganado un lugar de primera categoría entre los poetas españoles, tanto por la calidad como por la variedad de su obra. Sin embargo, lo más notable de este poema no es el talento de su escritor, sino las circunstancias en las que se lo escribió. John escribió esta lírica canción de amor por Dios después de escapar de una especie de infierno viviente: encarcelado, traicionado, torturado, desconocedor del futuro, aparentemente olvidado y abandonado. Lo que emerge de la vida y la enseñanza de Juan es una verdad que vale la pena considerar: que no fue a pesar de, sino debido a sus horribles circunstancias que John estaba tan cautivado por el amor de Dios. En su poesía, en sus escritos en prosa y, preeminentemente, en la forma de su vida, Juan apunta al misterio de la naturaleza redentora de la Crucifixión. Fue intensamente un hombre de la Cruz; y por eso fue un ferviente amante y un efectivo reformador.

El tema del sufrimiento con Cristo por el bien de la humanidad corre como un hilo de seda a lo largo de la vida y la enseñanza de todos los santos de la Reforma católica. Desde su primera conversión hasta el final de su vida, el deseo incontenible de Catalina de Génova era unirse a los sufrimientos de Cristo para llevar bondad al mundo. A Tomás Moro lo encarcelaron y lo mataron por su adhesión a la fe, un desarrollo que fue concordante con el resto de su vida. Una vez les dijo a sus hijos: "".[2] Ignacio de Loyola adoptó la misma actitud: "Si Dios te hace padecer muchos trabajos, es señal de que Él tiene grandes designios para ti y que ciertamente pretende hacerte santo; y si tu quieres ser un gran santo ruégale que te dé una gran oportunidad de padecer; porque no hay leña que más avive el fuego del amor divino, que el leño de la Santa Cruz, que escogió Cristo para el sacrificio de su caridad inmensa". El gran discípulo de Ignacio, Francisco Javier, estaba constantemente dispuesto a sufrir por Cristo. Una vez, en viaje por mar desde

---

[2] Roper, *Life of Sir Thomas More*, Pt. 1. [Traducción propia.]

Malaca hasta la India, se barco quedó atrapado en un terrible monzón, el peor que había visto jamás, y todos a bordo pensaron que el barco se iba a hundir. En medio del miedo y la furia de la tormenta, los ojos de Javier esperaban que su sufrimiento pudiese ser una adquisición para el Reino. Más tarde escribió: "Rogaba a Dios nuestro Señor en la tormenta que, si de esta me librase, no fuese sino para entrar en otras tan grandes o mayores, que fuesen de mayor servicio suyo".[3] El alegre Felipe Neri era de la misma escuela: "La grandeza del amor de Dios se conoce de la grandeza del deseo que tiene el hombre de padecer por su amor. [...]No puede sucederle a un cristiano más gloriosa cosa que padecer por Cristo. [...] No hay argumento más cierto ni más evidente del amor de Dios que las adversidades."[4] Carlos Borromeo y Pío V nunca se quejaron de la dura oposición que recibieron al intentar la reforma; pensaban que era una parte necesaria de la acción salvadora de Dios. Borromeo escribió una vez: "El que aspira a la perfección de la vía unitiva debe practicar tres cosas, a saber: orar heroicamente, heroicamente trabajar y heroicamente padecer".[5] Teresa de Ávila, como estaba llena de interés en todos los aspectos de la vida, una vez escribió a sus hermanas: "Quiero que les quede claro en qué consiste la voluntad de Dios. No crean que es darles placeres, riquezas. [...]Las quiere mucho como para darles estas cosas.

---

[3] Collantes, Carlos: "Francisco Javier, peregrino apasionado", <http://www.omp.es/OMP/espiritualidad/santos/sanfranciscojavier/59smcarloscollantes.htm>[Consulta: 03/8/2017]

[4] Pietro Bacci, *Vida de San Felipe Neri Florentin*, Barcelona, 1730, p. 441. <https://books.google.com.ar/books?id=1VkunEBieIwC&printsec=frontcover&hl=es&source=gbs_ge_summary_r&cad=0#v=onepage&q=nada&f=false>[Consulta: 03/8/2017]

[5] [Nota de la traductora: La cita atribuida a Carlos Borromeo es, en realidad, de Antonio María Claret, nacido casi 3 siglos después. Ver <http://www.claret.org/es/calendar-medit/15-05-2014> (Consulta: 04/8/2017)]

Consideren lo que el Padre le dio a Él, a quien amó sobre todas las cosas—sufrimiento, la Cruz—y entenderán cuál es su voluntad. Mientras estemos en este mundo, estos son sus dones. Nos los da conforme al amor que nos tiene".[6] Tal como sucede con estos otros santos, así es con Juan de la Cruz. Uno de sus "Puntos de amor" dice: "El amor no consiste en sentir grandes cosas, sino en tener grande desnudez y padecer por el Amado".[7]

La vida temprana de Juan

Juan de Yepes y Álvarez (para darle su nombre original) pareció marcado para el sufrimiento desde la niñez. Juan nació en un pueblo cercano a Ávila en 1542. Su padre, Gonzalo, pertenecía a una rica familia comerciante (como el padre de Teresa de Ávila, probablemente de origen judío), y se casó con una huérfana pobre llamada Catalina Álvarez. La familia de Gonzalo quedó consternada por la elección y renegó de Gonzalo, que se vio obligado a hacer suyo el oficio económicamente inestable de su esposa y se transformó en tejedor. Del matrimonio nacieron tres hijos, el menor de los cuales era Juan. Poco después del nacimiento de Juan, murió Gonzalo, su padre, lo que llevó a Catalina a improvisar una vida lo mejor que pudo para ella y sus tres pequeños hijos. Se trasladó de un lugar a otro ejerciendo su oficio, instalándose finalmente en la ciudad de Medina del Campo. Desde la niñez, Juan supo bien lo que significaba ser pobre, tener hambre y vestirse pobremente, y enfrentar el futuro sin seguridad financiera. La experiencia no lo amargó, pero le dio una profunda compasión por los pobres y los

[6] Teresa de Ávila, *Camino de perfección*, Ch. 32.
[7] Juan de la Cruz, Santo: *Dichos de luz y de amor*, <http://www.sanjuandelacruz.com/obras-san-juan-de-la-cruz/dichos-de-amor-y-de-luz/>[Consulta: 04/8/2017]

que sufren. También lo fortaleció; su posterior resistencia a
las austeridades corporales la aprendió en una dura escuela
desde una edad temprana.

Catalina se dio cuenta de que no podía mantener a todos
sus hijos; a los diez años, a Juan lo internaron en un orfana-
to, el Colegio de la Doctrina. Juan era un joven inteligente,
profundamente reservado, ardiente pero silencioso. Durante la adolescencia se sostuvo trabajando como enfermero
en un gran hospital, donde desarrolló otra cualidad que
duró hasta el final de su vida: una pronta compasión por los
enfermos. A los diecisiete años asistió a un recientemente
fundado colegio jesuita en Medina, donde permaneció por
cuatro años. A los veintiuno, tomó el hábito carmelita bajo
el nombre de Juan de San Matías. Luego pasó tres años
en la Universidad de Salamanca; a los veinticinco años se
ordenó como sacerdote. Se puede ver que Juan se benefició
de las nuevas reformas que se estaban abriendo camino en
la Iglesia. Recibió una excelente educación de parte de los
jesuitas en la tradición humanista cristiana, aumentada en
Salamanca bajo la influencia del erudito humanista Francisco de Vitoria, una educación que enfatizaba un firme
conocimiento de las Sagradas Escrituras y el estudio de
los Padres de la Iglesia. Salamanca también albergaba un
resurgimiento de la teología de Tomás de Aquino. Estas
diversas influencias—familiaridad con las Sagradas Escrituras, conocimiento de los Padres, apreciación de la teología
de Tomás, todas en armonía en una atmósfera de oración
y sacramento—fueron evidentes en el trabajo posterior de
Juan, junto con un deleite más humilde en las canciones de
amor en lengua vernácula aprendidas entre los tejedores de
su juventud.

A diferencia de Teresa de Ávila, Juan casi nunca fue autobiográfico en sus escritos, así que tenemos pocos detalles relativos a los primeros años de su vida. Pero parece que se había decidido por el sacerdocio y la vida contemplativa a muy temprana edad. Siempre había sido un joven devoto, y ya durante sus días universitarios en Salamanca, cuando no asistía a las clases, estudiaba durante largas horas en el escritorio de su celda vacía, negándose a unirse a sus compañeros para el esparcimiento o la conversación trivial. Pasaba gran parte de todas las noches en oración y estaba empezando a practicar un estricto régimen ascético: ayunaba rigurosamente y se azotaba hasta el punto de hacerse sangrar.

En 1567, el año en que fue ordenado sacerdote, Juan conoció a Teresa. Cinco años antes, Teresa había fundado el convento de las descalzas de San José y ahora estaba buscando posibles sacerdotes de la orden que pudieran realizar el mismo tipo de reforma entre los frailes. Juan se sentía atraído a una vida de contemplación y austeridad más profunda de la que ofrecían los carmelitas en ese momento y estaba pensando unirse a los cartujos. Teresa lo convenció de que se quedara con los carmelitas y que la ayudara a iniciar una reforma en la rama masculina. Teresa escribió a sus hermanas: "Ayúdenme, hijas, a dar gracias a Dios nuestro Señor, que ya tenemos fraile y medio para comenzar la reforma de los religiosos".[8] Era una observación con un toque de humor, porque Juan podría haber parecido solo la mitad de un fraile. Medía menos de cinco pies de alto y era de complexión delgada. Pero tenía la intensidad vital de un rayo láser. Teresa escribió: "Aunque es chico entiendo

[8] Jiménez Duque, Baldomero: "Santa Teresa y San Juan de la Cruz (Una aproximación entre ambos)", 79; <http://biblioteca2.uclm.es/biblioteca/ceclm/ARTREVISTAS/Toletum/tol15/toletum15_jimenezsanta.pdf> [Consulta: 05/8/2017]

es grande en los ojos de Dios. [...]No hay fraile que no diga bien de él, porque ha sido su vida de gran penitencia. Aunque ha poco tiempo, mas parece le tiene el Señor de su mano".[9] La buena disposición de Juan para unirse a la reforma descalza vino con una condición característica: que no tendría que esperar mucho tiempo. Tal como sucedió, no tuvo que esperar mucho. Volvió a Salamanca para un último año de estudio y luego, en el otoño de 1568, fue a Duruelo, donde Teresa había conseguido una pequeña vivienda. Allí, él y otro fraile empezaron el primer priorato de la reforma descalza. Tomó el nombre de Juan de la Cruz.

Durante los siguientes ocho años, Juan estuvo ocupado promoviendo la reforma. Cinco de esos años los pasó como capellán del Convento de la Encarnación, donde fue el confesor de Teresa. Este fue el período de colaboración más estrecha. Teresa y Juan no tenían una personalidad naturalmente solidaria. Además de doblarlo en edad, Teresa –la más humana de todos los santos– prefería un poco de encanto e ingenio pícaro en los que estaban cerca de ella, y Juan era silencioso y muy serio. Pero Teresa entendió la valía de Juan y, más tarde, insistía que nunca había tenido un director espiritual tan bueno. Escribió: "[M]e he enojado con él a ratos[)], jamás le he[mos] visto una imperfección".[10] Para Juan, el tiempo que pasó con Teresa le sirvió para ganar experiencia como pastor de almas y para profundizar la vida de oración. Aunque no se lo haya podido llamar alumno de Teresa, obtuvo mucho de su ejemplo y de su experiencia de contemplación mística.

---

[9] *Ibid*, 81.
[10] *Ibid*, 81.

Persecución

La historia de la reforma carmelita es enmarañada, cargada de la confusión de jurisdicciones superpuestas y aquejada por las debilidades y la imprudencia humanas. Pero sigue un patrón importante para comprender la reforma de la Iglesia. Parece una regla que la oposición más férrea a la obra de Dios proviene, no del mundo no creyente, sino de elementos que están dentro de la Iglesia. A primera vista, puede parecer anómalo; pero tiene más sentido a la luz de la forma de salvar el mundo que Dios prefiere. Canta el salmista: "Y el Señor escogió a Sión, quiso que fuera su residencia: 'Aquí está mi descanso para siempre'" (Sal 132, 13–14). Después de que Dios iniciara una historia de salvación reuniendo para sí un pueblo que fuera la sal y la luz del mundo, ese pueblo y su historia emergieron como el centro de la narrativa del mundo, la única etapa en la cual se representaría el drama humano. El pueblo elegido de Israel primero y la Iglesia Católica después se convirtieron, por necesidad, en el principal teatro de la guerra espiritual. Los oponentes más difíciles de Jesús no fueron la población general, sino los fariseos y los sacerdotes principales; Pablo estaba mucho más preocupado por los falsos maestros de la ley que por los no creyentes paganos y, en el transcurso de los siglos, las batallas más feroces que los cristianos han peleado han sido con otros miembros de la Iglesia, involucrando frecuentemente a obispos y miembros de órdenes religiosas. Los esfuerzos por renovar la Iglesia recibieron la más vigorosa oposición de las facciones internas de la misma Iglesia. Teresa de Ávila aludió una vez a esta realidad: "Úsase tan poco el [camino] de la verdadera religión, que más ha de temer el fraile y la monja que ha de comenzar de veras a seguir del todo su llamamiento a los mismos de su casa, que a todos los demonios".[11] Para que la reforma se arraigue, siempre hay una necesidad por la resistencia de un sufrimiento semejante al de Jesús por parte de algunos miembros de la Iglesia a manos de otros dentro de la comunidad cristiana. Juan de la Cruz parecía distinguirse para este propósito; él ejemplifica lo que significa ofrecerse con Cristo como una víctima expiatoria para la renovación de la Iglesia.

La tormenta que se estaba armando contra la reforma descalza se intensificó en 1576 cuando Juan Bautista Rubeo, el mismo general carmelita que tan calurosamente había alentado a Teresa para que hiciera nuevas fundaciones, de repente se opuso a la reforma y buscó terminar el crecimiento e incluso la existencia de los monasterios y los conventos descalzos, por miedo de que la reforma introdujera divisiones en la orden carmelita. Esto dio inicio a un grave conflicto, cuando el general carmelita y sus representantes tomaron medidas para limitar o terminar la reforma descalza, mientras que el nuncio papal, respaldado por el rey de España, siguió apoyándola. La lucha llevó al "arresto domiciliario" de Teresa en el convento de la Encarnación. Llegó un momento decisivo en el conflicto cuando murió el nuncio papal, un tal Nicolás Ormaneto, que había sido el vicario general de Carlos Borromeo en Milán y un confiable amigo de la reforma, y se designó a un nuevo nuncio, Felipe Sega, empeñado contra la reforma. Sega alguna vez dijo que Teresa era una "fémina inquieta y andariega, desobediente

[11] Teresa de Ávila, *Libro de la Vida*, cap. 7, 5; <http://www.santateresadejesus.com/wp-content/uploads/Libro-de-la-Vida.pdf > [Consulta: 07/8/2017].

y contumaz".[12] Eliminada la protección de Ormaneto, los oponentes de la reforma descalza se volvieron más atrevidos. Entre varias de las medidas que tomaron, determinaron actuar en contra de Juan de la Cruz, uno de los primeros frailes descalzos.

Juan había estado viviendo en una ermita en Ávila con otro fraile descalzo en su calidad de confesor en el convento de la Encarnación. Las autoridades carmelitas ahora le ordenaban que regresara a su monasterio original y que dejara de seguir las constituciones descalzas. Tras resistirse a esta movida, una partida de monjes carmelitas y hombres armados hicieron prisioneros a Juan y al fraile que lo acompañaba, y los secuestraron: dónde, nadie lo sabía. A Juan lo llevaron al priorato de Ávila, donde fue azotado. Luego lo llevaron por caminos poco frecuentados en el medio de la noche, con los ojos vendados para que no supiera a dónde iba, hasta el priorato de Toledo. Allí lo llevaron ante un tribunal y lo acusaron de insubordinación por no obedecer la orden de dejar su puesto como confesor en Ávila y por insistir en vivir según la reforma descalza. Le dijeron que si se sometía a las decisiones del tribunal, se pasaría por alto su ofensa y se le daría un alto cargo en la orden carmelita. Sin embargo, Juan siguió firme, diciendo que no tenía autoridad para dejar su puesto, ya que se lo había asignado el representante papal, y que había tomado el voto de seguir las constituciones descalzas, un voto que no era libre de romper. El tribuno lo encontró culpable de rebelión y contumacia, y se lo condenó a prisión por todo el tiempo que el general de la orden pudiera determinar. Tan pronto como Juan desapareció, Teresa le escribió al rey Felipe

[12] Álvarez de la Cruz, Tomás (o.c.d.): "Santa Teresa de Jesús, Madre de espirituales", cap. 4, <http://museoconventualantequera.com/biografia-de-santa-teresa/capitulo-4o/> [Consulta: 07/8/2017]

y a todos los obispos influyentes que conocía, registrando su ansiedad por esta situación. Escribió: "No sé que ventura es que nunca hay quien se acuerde de este santo".[13] Pero nadie sabía dónde estaba Juan, y no se podía hacer nada.

Durante dos meses, Juan estuvo en la celda prisión del priorato. Pero por miedo de que pudiera escaparse, los frailes encontraron un lugar más seguro. Lo encerraron en una habitación pequeña, de seis pies por diez pies, que previamente se había usado como armario. La habitación tenía una pequeña rendija en lo alto de la pared, por la cual poca luz podía entrar en la celda. Juan podía leer sus oficios solo subiéndose a un taburete y sosteniendo el breviario por encima de su cabeza y, solo así, al medio día. Su cama era una tabla sobre el piso, cubierta con dos mantas viejas. La habitación era helada durante los meses de invierno, al principio del cautiverio de Juan. Luego se volvió abrasadora y sofocante a medida que avanzaban los meses de verano. No se le dio oportunidad de bañarse y no tenía permitido ningún cambio de ropa, así que lo devoraban los piojos. Su comida consistía en unos pocos mendrugos de pan y una ocasional sardina, arrojados al piso de su celda. Pronto contrajo disentería y temió que los frailes estuvieran intentando envenenarlo. El balde de Juan se dejaba a propósito en su celda durante días, creando tal fetidez que lo hacía vomitar. Su túnica, llena de coágulos por las palizas, empezó a pudrirse y a llenarse de gusanos. Como nunca fue una persona de salud vigorosa, este tratamiento durante un período de muchos meses lo debilitó y lo consumió, llevándolo casi a la muerte.

---

[13] Teresa de Jesús, Santa: *Cartas de Santa Teresa de Jesús*; Alicante: Biblioteca Virtual Miguel de Cervantes, 2008; 190 <http://www.cervantesvirtual.com/obra-visor/cartas-de-santa-teresa-de-jesus—0/html/01b29f00-82b2-11df-acc7-002185ce6064_191.htm>[Consulta: 07/8/2017]

Los días de ayuno, llevaban a Juan al refectorio y lo hacían arrodillar mientras los frailes comían. Una primera biografía basada en relatos de primera mano cuenta el tipo de amonestación que le daba el prior de la casa en estas ocasiones:

> Si quería ser bueno, ¿qué le impedía permanecer en una orden que había producido tantos frailes buenos y santos? Pero usted, hipócrita, no aspiraba a ser santo, sino únicamente a que lo tuviesen por tal: no al crecimiento espiritual de la gente, sino únicamente a la satisfacción de su amor propio. ¡Miren, hermanos, a este miserable y desgraciado frailecito, que apenas sirve para portero de un convento! Pretende reformar a los demás cuando lo que necesita es reformarse a sí mismo. Ahora, descúbrase la espalda: ahí escribiremos las reglas de la nueva reforma.[14]

Luego, cada uno de los frailes lo golpeaba por turnos con una vara. Juan soportaba el castigo en silencio, lo que solo parecía exasperar más a sus martirizadores.

Durante este tiempo de encarcelamiento, a Juan se lo mantuvo en confinamiento solitario. No tenía permitido hablar con nadie; la única persona a la que veía regularmente, el fraile que era su carcelero, lo trataba con desprecio. A veces, los frailes hablaban fuera de su habitación con el propósito de permitirle que oyera su conversación. Se decían que al prisionero nunca se le permitiría salir, y que todos los monjes y monjas descalzos lo habían abandonado a él y habían dejado la reforma. Todo esto le causaba a Juan gran aflicción mental.

Después de seis meses de este tratamiento, Juan experimentó un ligero alivio. Se convirtió en su carcelero

---

[14] Adaptación de un texto atribuido a Jerónimo de San José, de 1641, citado en <http://elmontevideanolaboratoriodeartes.blogspot.com.ar/2009/10/san-juan-de-la-cruz-y-carlos-saura-en.html> [Consulta: 07/8/2017]

un fraile más joven de un priorato diferente, que trató a su prisionero con más compasión. El nuevo carcelero le consiguió a Juan una túnica limpia y le dio una aguja e hilo con los cuales reparar su hábito. Le proveyó una pluma y tinta para escribir, y una lámpara de aceite con la cual podía leer sus oficios. A veces dejaba abierta la puerta de la celda para permitir que entrara un poco de luz y de aire. Durante este tiempo, Juan pudo salir de la celda para determinar mejor dónde se encontraba en el monasterio.

Durante nueve meses, se le hizo soportar a Juan esta crucifixión de sufrimiento y aislamiento. Llegó a pensar que nunca saldría vivo de su celda. Luego, según un relato, recibió una visión de la Virgen María que le decía que pronto iba a escapar de su tiempo de encarcelamiento. Animado por la visión, decidió hacer un intento. El priorato carmelita estaba construido contra el muro de la ciudad. Calculó que había un lugar desde el cual podía escapar sobre el muro si cortaba las mantas de su celda y ataba los extremos para formar una soga larga. La noche del 14 de agosto, en la víspera de la fiesta de la Asunción, Juan hizo la soga y, habiendo aflojado antes los tornillos de la puerta de la prisión, abrió su celda y se deslizó entre dos frailes que dormían. A la luz de la luna llena, ató la soga a una barandilla y se deslizó, saltando los restantes diez pies. Entonces se encontró atrapado en el recinto de un convento franciscano; pero halló un lugar donde el revoque estaba suelto, así que pudo trepar la pared y salir a la calle. Ahora estaba perdido, en el medio de la noche, en una ciudad que no conocía. Se refugió en una casa hasta la mañana y luego preguntó el camino hasta el convento de las descalzas. Lo encontró, hizo sonar la campana y habló con la hermana externa. Fue la primera que oyó de él por casi un año.

A su llegada al convento, Juan estaba tan delgado y enfermo que parecía una imagen de la muerte. Hablaba solo en un susurro y apenas se mantenía en pie. Las monjas, sabiendo el peligro que corría, lo llevaron a la zona de clausura. Cuando los frailes del priorato carmelita descubrieron su fuga, que descubrieron pronto, recorrieron la ciudad en su búsqueda. Llegaron al convento de las descalzas y buscaron en los terrenos, pero no se atrevieron a entrar en la zona de clausura. Las monjas pronto pudieron poner a Juan en las manos de un noble rico, amigo de la reforma, que le dio protección y un lugar para recuperarse.

El espíritu indomable de Juan se puede ver en su respuesta a esta nueva libertad. Entre las primeras cosas que hizo cuando entró al convento de las descalzas fue leerles a las hermanas los poemas que había escrito durante su encarcelamiento. Es una escena extraordinaria: un espantajo de hombre, a la puerta de la muerte, famélico, sucio, tremendamente golpeado y privado de compañía humana, no pide alimento, ni bebida, ni un refugio seguro. En su lugar, solo quiere hablar de la bondad y la belleza de Dios; su deseo más profundo es compartir su amor por el Único que se acercó a él en la oscuridad, el que se reveló a sí mismo de la manera más clara y atrayente en medio de la crucifixión.

Los escritos místicos de Juan

Después de escapar de la prisión, Juan viajó al sur de España, al monasterio de El Calvario. Poco tiempo después, cuando su salud se había más o menos recuperado, lo eligieron prior de la casa. Cerca había un convento de monjas descalzas bajo la dirección de una de las personalidades más fuertes de entre las hijas espirituales de Teresa, Ana de Jesús. Ana estaba buscando un confesor para sus hermanas y, como muchos que conocieron a Juan, al principio no estaba impresionada. Le escribió a Teresa en busca de consejo sobre cómo hallar un sacerdote adecuado para el puesto. Teresa le respondió: "En gracia me ha caído, hija, cuán sin razón se queja, pues tiene allá a mi padre fray Juan de la Cruz, que es un hombre celestial y divino; pues yo le digo a mi hija, que después que se fue allá, no he hallado en toda Castilla a otro como él, ni que tanto fervore en el camino del cielo".[15] Ana siguió el consejo de Teresa y tomó a Juan como confesor. Fue una decisión feliz, ya que, al cuidar a las monjas de este convento de Beas y explicarles los principios de la oración, Juan escribió las más conocidas de sus obras en prosa, *Subida del Monte Carmelo* y *Noche oscura del alma*.

La enseñanza de Juan sobre la vida mística se puede comprender mejor como la consecuencia de una apasionada relación de amor. Cuando intentaba comunicar las fuentes de su visión espiritual, solo podía expresar sus ideas plenamente en la poesía amorosa modelada en el Cantar de los Cantares bíblico. Incluso en sus obras en prosa empezaba con poesía; la totalidad de sus largos volúmenes son explicaciones extensas de lo que significa la poesía. Sin embargo, no hay nada sensiblero o romántico en el camino de amor de Juan. El sendero que trazó podía ser intimidante en su implacable determinación para no permitir que algo se interpusiera en el camino del más alto de los amores. "Guárdame en tu corazón como tu sello o tu joya, siempre fija a tu muñeca, porque es fuerte el amor como la muerte, y la pasión, tenaz como el infierno; sus flechas

[15] Teresa de Jesús, Santa: *Cartas de Santa Teresa de Jesús*; Alicante: Biblioteca Virtual Miguel de Cervantes, 2008. p. 201. <http://www.cervantesvirtual.com/ obra-visor/cartas-de-santa-teresa-de-jesus—0/html/01b29f00-82b2-11df-acc7-002185ce6064_202.htm> [Consulta: 07/8/2017]

son dardos de fuego, como llama de Yavé" (Cant 8, 6). Estos versos señalan el tipo de amor que se encuentra en los escritos de Juan: un amor fuerte como la muerte, una llama de fuego incontenible, una pasión que no admitirá rival. Sin embargo, Juan mismo era un alma muy amable y se encargaba de sus trabajos espirituales con gran sensibilidad. Una vez escribió: "Cuanto más santo sea el confesor, más suave es y menos se escandaliza de las faltas de ajenas, porque conoce mejor la flaca condición del hombre".[16]

El fuego material, en aplicándose al madero, lo primero que hace es comenzarle a secar, echándole la humedad fuera y haciéndole llorar el agua que en sí tiene; luego le va poniendo negro, oscuro y feo, y aun de mal olor, y, yéndole secando poco a poco, le va sacando a luz y echando afuera todos los accidentes feos y oscuros que tiene contrarios a fuego; y, finalmente, comenzándole a inflamar por de fuera y calentarle, viene a transformarle en sí y ponerle tan hermoso como el mismo fuego.[17]

Según Juan, un proceso similar ocurría cuando el fuego del amor divino empezaba a encender el alma.

Antes que una y transforme el alma en sí, [este divino fuego de amor] la purga de todos sus accidentes contrarios; hácela salir afuera sus fealdades y pónela negra y oscura, y así parece peor que antes y más fea y abominable que solía. Porque, como esta divina purga anda removiendo todos los malos y viciosos humores, que por estar

[16] Martínez Gutiérrez, Vicente: La dirección espiritual en San Juan de la Cruz, Madrid, 2003, 156. <https://www.google.com.ar/url?sa=t&rct=j&q=&esrc=s&-source=web&cd=1&ved=0ahUKEwj3uL2ascbVAhXEDJAKHf1oCxEQFggk-MAA&url=http%3A%2F%2Fwww.contemplativos.com%2Fdescargas%2FDirec-ci%25C3%25B3n%2520espiritual%2520San%2520Juan%2520de%2520la%2520Cruz-Vicente%2520Mart%25C3%25ADnez.doc&usg=AFQjCNGtPKt8wUtJlY23w-0zu_X3UH2yueA> [Consulta: 07/8/2017]
[17] Juan de la Cruz, Santo: Noche Oscura, Libro Segundo, Capítulo 10, <http://www.concordanze.eu/1001/1001/00017.html#0000931> [Consulta: 07/8/201]

ellos muy arraigados y asentados en el alma, no los echaba ella de ver, y así no entendía que tenía en sí tanto mal.[18]

Esta experiencia de purificación podía ser muy dolorosa; era un aspecto de lo que Juan llama la "noche oscura". Pero el propósito de la purga era permitir que la plenitud del amor divino tomara plena posesión del alma. Por esta razón Juan llamaba a esta noche no solo oscura, sino también "más amable que la alborada". Luego Juan continuaba describiendo los efectos de la noche oscura:

[H]aciéndola [al alma] desfallecer en esta manera a todo lo que no es Dios naturalmente, para irla vistiendo de nuevo, desnuda y desollada ya ella de su antiguo pellejo. Y así, se le renueva, como al águila, su juventud [...], quedando vestida del nuevo hombre [...].Lo cual no es otra cosa sino alumbrarle el entendimiento con la lumbre sobrenatural, de manera que de entendimiento humano se haga divino unido con el divino; y, ni más ni menos, informarle la voluntad de amor divino, de manera que ya no sea voluntad menos que divina, no amando menos que divinamente, hecha y unida en uno con la divina voluntad y amor; [...] Y así, esta alma será ya alma del cielo, celestial, y más divina que humana.[19]

Esta posibilidad de transformarse en "partícipes de la naturaleza divina" (2 Pe 1, 4) era la vertiginosamente alta visión que había capturado Juan de la Cruz y sobre la cual centró la totalidad de su formidable energía de mente y alma. Algo de esa visión está atrapada en el poema de Juan "Otras del mismo a lo divino":

Tras un amoroso lance,
y no de esperanza falto,
volé tan alto, tan alto,
que le di a la caza alcance.

---

[18] *Ibid.*
[19] Juan de la Cruz, *Santo: Noche Oscura*, Libro Segundo, Capítulo 13, <http://www.concordanze.eu/1001/1001/00017.html#0000931> [Consulta: 07/8/201]

Cuanto más alto subía
deslumbróseme la vista,
y la más fuerte conquista
en oscuro se hacía;
mas por ser de amor el lance
di un ciego y oscuro salto,
y fui tan alto, tan alto,
que le di a la caza alcance.[20]

Los últimos días de Juan

Los últimos días de Juan de la Cruz transcurrieron manteniendo la forma cruciforme de su vida. Raramente Juan
contaba algo de sus propias experiencias místicas; pero una
vez le relató a su hermano un encuentro con Cristo. Una
noche, mientras estaba rezando delante de la cruz, Cristo le
había hablado, diciendo: "Fray Juan: pídeme lo que quisieres,
que yo te lo concederé por este servicio que me has hecho."
A esto, Juan respondió: "Señor, lo que quiero que me des es
trabajos que padecer por ti y que yo sea menospreciado y
tenido en poco."[21] La oración de Juan de amor por su Señor
crucificado fue escuchada y respondida.

Para 1588 la reforma descalza había obtenido cierta in-
dependencia y, ahora, su existencia y su crecimiento estaban
asegurados. Teresa se había ido a su recompensa, y Juan había
continuado la obra de fundar casas nuevas y de actuar como
amado prior y director espiritual para muchos en la reforma.
La nueva congregación descalza ahora eligió a Nicolás Doria,

---

[20] Juan de la Cruz. Santo: "Otras del mismo a lo divino", < http://www.concordanze.
eu/1001/1001/00018.html#0000003> [Consulta 07/8/2017]

[21] Benítez Lozano, Omar Augusto: *La cruz en la vida espiritual según San Juan
de la Cruz*, Extracto de la Tesis Doctoral presentada en la Facultad de Teología
de la Universidad de Navarra, Pamplona, 1998, 448-449. <dadun.unav.edu/bit-
stream/10171/11581/1/CDT_XXXV_06.pdf> [Consulta: 07/8/2017]

de la poderosa familia genovesa, como su primer vicario general. Doria fue una personalidad fuerte que llegó a su puesto con muchas innovaciones en mente, incluido un deseo de centralizar el gobierno de las congregaciones descalzas. Cuando Juan habló por lo que muchos consideraban la esencia de la reforma descalza tal como la había promovido Teresa, entró en conflicto con el nuevo vicario general, quien determinó marginarlo y, si fuera posible, deshonrarlo. En 1591, a Juan le retiraron las responsabilidades que había tenido y lo enviaron a un monasterio aislado y distante en un lugar llamado La Peñuela. Cuando algunos de sus hermanos lo urgieron a presentar protestas contra este tratamiento injusto, se negó a defenderse. Mientras estaba en La Peñuela pronto tuvo fiebre y murió cuando sus enemigos estaban reuniendo testimonios difamatorios contra él, con la esperanza de reportarlo a la Inquisición. Todavía no tenía cincuenta años. Movido por el amor hasta el último momento, en su lecho de muerte, Juan pidió a uno de sus hermanos carmelitas que le leyera versos del Cantar de los Cantares. Había llegado el momento para que el exiliado volviera a casa; había llegado el día para que el amante impaciente abrazara en su plenitud lo que había deseado tan ardientemente y perseguido tan fervorosamente durante el transcurso de su vida.

> *Entrádose ha la Esposa*
> *en el ameno huerto deseado,*
> *y a su sabor reposa*
> *el cuello reclinado*
> *sobre los dulces brazos del Amado.*

(de "Cántico espiritual")[22]

[22] Juan de la Cruz, Santo: *Poesías*; Alicante: Biblioteca Virtual Miguel de Cervantes, 2000.<http://www.cervantesvirtual.com/obra-visor/poesias—49/html/fedce812-82b1-11df-acc7-002185ce6064_2.html#I_1_> [Consulta: 07/8/2017].

Epílogo

Era el mes de diciembre del año 1531. Los quince años anteriores habían golpeado trascendentalmente la Iglesia y la sociedad europea. Con Lutero en Alemania y Zwinglio en Suiza, la Reforma Protestante estaba perturbando ideas de larga data y poniendo en riesgo la unidad de la Iglesia. Tomás Moro estaba por renunciar a su cancillería en Inglaterra bajo la presión del Acta de Sucesión de Enrique VIII. Roma había sido devastada unos años antes por ejércitos imperiales y Viena estaba a punto de sufrir su segundo sitio por parte de los ejércitos de Solimán, el sultán turco invasor. Ignacio de Loyola y Juan Calvino estaban en la Universidad de París; no se conocían entre sí y sus planes todavía estaban gestándose. Hacía diez años, España había conquistado el Imperio azteca y estaba asegurando sus nuevas posesiones americanas.

En medio de estas poderosas personalidades y trascendentales acontecimientos, un indígena de México, un hombre sencillo que había sido bautizado siete años antes y recibido el nombre de Juan Diego, vivió una experiencia extraña y maravillosa mientras caminaba por un lugar poco conocido junto al cerro del Tepeyac. Oyó música y cantos que venían de la cima del cerro y luego oyó que lo llamaban por su nombre. Subió al cerro y allí lo recibió la visión de una hermosa mujer que se identificó como María, la Madre de Dios. Este fue el comienzo de la famosa historia de la Virgen de Guadalupe: la Bienaventurada Madre que vino como princesa mestiza, que hablaba náhuatl y español, y que dejó grabada su imagen en la tilma de Juan Diego. La aparición, y la fidelidad de Juan Diego al mensaje de la Virgen, abrió las compuertas de la conversión y tendió los cimientos de la Iglesia en México. Quince años después, se habían bautizado unos nueve millones de indígenas mexicanos. Fue un paso monumental en la renovación y el crecimiento de la Iglesia. Captó la imaginación, no solo de México, sino también de Europa. La imagen de Guadalupe flameó en la punta del mástil del buque insignia del capitán genovés Andrea Doria en la batalla de Lepanto.

Mucho podría decirse acerca de la importancia de Nuestra Señora de Guadalupe en la historia de la Iglesia y del mundo. Para esta exposición, es importante observar que quien estaba evangelizando y renovando la vida de la Iglesia era la misma Virgen Santísima. Es un recordatorio de dónde radica la iniciativa en todas las cuestiones de la dirección y el desarrollo de la Iglesia. La Iglesia pertenece a Cristo; es su Cuerpo y él la gobierna de acuerdo con su sabiduría y sus planes. Dios ha dignificado a la humanidad permitiéndonos participar en su vida y su misión. Pero nuestra parte está siempre subordinada a la suya y solo es eficaz cuando se rige por su iniciativa. Toda la energía de los santos más importantes no tendría razón de ser si no la utilizaran en cooperación con la acción de Cristo.

Una vez G. K. Chesterton escribió:

La fe ha muerto muchas veces y a menudo de vieja. Ha sido muchas veces asesinada y otras muchas ha fallecido de muerte natural, en el sentido de llegar a su fin natural y necesario. Es notorio que ha sobrevivido a las persecuciones más salvajes y universales, desde la embestida de la furia de Diocleciano hasta el embate de la Revolución francesa. Pero mayor y más extraña es su terca permanencia, ha sobrevivido no sólo a la guerra sino también a la paz. Ha muerto muchas veces, y otras muchas decayó y degeneró. Ha sobrevivido a su propia debilidad y hasta a su propia rendición. [...]Se imaginó a la religión definitivamente marchita ante la seca luz de la Edad de la Razón. Se la imaginó por fin desaparecida tras el terremoto de la Revolución francesa. La ciencia pretendió obviarla, pero aún estaba allí. La historia la enterró en el pasado, pero Ella apareció repentinamente en el futuro. Hoy la encontramos en nuestro camino y, mientras la observamos, continúa su crecimiento.[1]

La "terca permanencia" de la que escribe Chesterton alude de paso a la naturaleza dual de la Iglesia. El aspecto humano de la Iglesia está sujeto a todos los defectos y las debilidades de una humanidad caída. Si solo miramos ese lado humano de las cosas, podemos engañarnos y creer que agota las esperanzas y los recursos de la Iglesia. Pero, como el corazón de la Iglesia está en el Cielo, como la pertenencia más potente de la Iglesia ya está perfeccionada en la presencia de Dios, como aunque es una sociedad antigua la Iglesia es también lo más nuevo en la faz de la tierra por la presencia del Espíritu Santo dentro de ella, está claro que la reforma sobrenatural y el resurgimiento son naturales para su vida. La reforma del siglo XVI, estimulada por una variedad de personalidades excepcionales, fue un ejemplo impresionante de este proceso, de la iniciativa divina que captó la cooperación de hombres y mujeres—los santos—dispuestos a la regeneración de la vida de la Iglesia. Así era entonces; así es ahora. Los últimos cien años aproximadamente han visto otra selección de santos extraordinarios: El padre Pío y la madre Teresa; Maximiliano Kolbe y Teresa Benedicta de la

[1] G.K. Chesterton, *El hombre eterno*, Cap. VI, p. 1003, 1007-1008. (http://assets. espapdf.com/b/G.%20K.%20Chesterton/El%20hombre%20eterno%20(7478)/ El%20hombre%20eterno%20-%20G.%20K.%20Chesterton.pdf)

Cruz; Pío X, Juan XXIII y Juan Pablo II; Faustina Kowalska y Teresa del Niño Jesús. Su vida y su ejemplo, junto con los de muchos otros, son indicadores de la continua iniciativa celestial que toma Cristo al cuidar de su Cuerpo. Dejan en claro además en qué dirección proseguirán la reforma y la renovación de la Iglesia en nuestros días. Una vez más, son los santos quienes proporcionan la clave para comprender la obra de Dios en nuestro tiempo. Al imitar nosotros a los santos en su imitación de Cristo, podemos esperar que la vida regeneradora del Espíritu Santo vuelva a renovar y reformar la Iglesia.

¡Millones de Católicos están escuchando charlas que son inspiradoras y que pueden cambiar sus vidas!

¿Alguna vez quisiste ayudar a algún miembro de tu familia o a algún amigo que esté batallando con su fe, pero que no supiste cómo lograrlo? ¿Deseas enriquecer tu propia vida de fe? Ahora puedes hacerlo con nuestra selección extensa de Lighthouse Talks.

COMPRENDIENDO LA EUCARISTÍA
DR. SCOTT HAHN

El Dr. Scott Hahn (ex-ministro Protestante y ahora Católico), es uno de los principales teólogos del mundo. En esta presentación, él explica las enseñanzas de la Iglesia sobre la Eucaristía, usando una perspectiva bíblica e histórica completa.

GUADALUPE Y EL MISTERIO DEL VERBO ENCARNADO
XAVIER FERNANDEZ

La aparición milagrosa en el Tepeyac reemplazó los sacrificios aztecas por el eterno sacrificio del Cordero en los altares católicos. En esta presentación, la señal milagrosa revela la relación asombrosa entre María, el Apocalipsis y la Sagrada Eucaristía.

HIJO PRODIGO, DIOS MISERICORDIOSO
PADRE FERNANDO OREJUELA

El Padre Orejuela narra el testimonio de un hombre librado del vicio y transformado completamente, por medio de la intercesión de la Santísima Virgen y otros. Dios tiene un plan para nosotros y nos muestra siempre Su perdón y misericordia.

DESCUBRE POR QUÉ LIGHTHOUSE TALKS HAN ALCANZADO MÁS DE 15 MILLONES DE OYENTES POR TODO EL MUNDO

AUGUSTINE INSTITUTE

Para saber más, visítanos en nuestra página augustineinstitute.org/audio o llama al **(866) 767-3155**

SAINTS FOR OUR TIMES

Jerome K. Williams

Augustine Institute

Greenwood Village, CO

Augustine Institute
6160 S. Syracuse Way, Suite 310
Greenwood Village, CO 80111
Tel: (866) 767-3155
www.augustineinstitute.org

Cover Design: Devin Schadt
Cover Image: © Restored Traditions. Used by Permission.

Excerpted from *True Reformers: Saints of the Catholic Reformation*
© 2017 Augustine Institute, Greenwood Village, CO
ISBN-978-0-9982041-8-5
All rights reserved.
Printed in the United States of America

Contents

Foreword

There are no cookie-cutter saints. The saint is living proof that God has made each of us in his own image and completely unique. One can lose this sense of distinctiveness when reading about the saints. They all begin to look the same—in prayer and penance, in miracles, and in pious phrases and/or summaries of their teaching that border on truisms.

Not so with the *Saints for Our Times*.

In the pages that follow are depictions of four saints who were all completely committed to Christ and his Church and yet were completely different. These are testimonies to the uniqueness of every human being, a uniqueness that only becomes clearer as the saint is conformed to Christ.

Here there are no clichéd phrases that could be applied to every holy person who ever lived. Each of the depictions of the saints comes alive as the story of an individual. In a few pages, one understands what it means for Francis Xavier to travel the world with a missionary spirit. We learn to understand Ignatius of Loyola's conversion from soldier to pilgrim. We catch a glimpse of the mystical soul of St. Teresa and incredible resilience of St. John of the Cross. To read these accounts is a kind of retreat. It provides an opportunity to reflect on *our* love of God, *our* prayer life, and the mission God has given each of us in light of our spiritual teachers.

In *Saints for Our Times*, we see the missions of these saints in relation to the needs of the Church and the world.

In fact, the diagnoses of the times teach something profound about the Church and the world and allow us to see how the spirit of the saint meets the distinctive needs of the day. In this there is contemporary application for the reader. It has one asking: Where are the saints that God is raising up today that I may follow them?

Although each of these saints is remarkable for their uniqueness, I was struck by a constant refrain in all of them. Each was deeply committed to the humble and difficult task of serving Christ in the poor and needy. They all served in hospitals—a very different kind of institution then than now—or during plagues. And, they gave generously of their things and time to the poor, not occasionally as a kind of spiritual recreation or as an obligation of office, but as an expression of love that burst forth from their life of discipleship. It offers a challenge to each of us who are finding our way along the road to holiness—do we love Christ in the poor? Does it cost us?

These saints were not perfect people. Many of their plans did not come off, certain decisions they took certainly look as though they could have been taken differently to better effect. They were real men and women, not idealizations. They remain windows to God, and their transcendent love comes through, but not in a way that makes them strange. Rather they are like us. And as such they inspire us because, we may dare to believe, that if they are like us, then we can be like them.

Jonathan J. Reyes
Executive Director USCCB Department of Justice,
Peace, and Human Development

Introduction

*"Humans must be changed by religion,
not religion by humans."*
—Giles of Viterbo, Fifth Lateran Council, 1512

The saints are the glory of the Church. They are the clearest expression of the Church's divine mission and life-transforming power, and the surest sign of hope for those who are walking the homeward road in their company.

A question often asked is whether or not Christianity "works." Can its claims be believed? Has it made good on its promises? Does it represent a successful attempt at ordering human affairs? Often these days the sharply returned answer is "no!" Our age is keenly aware and highly critical of the sins and faults of former times, occasionally even with accuracy. There are many who take issue with the Church, claiming that Christianity has been a failure. Their case is well prepared. For starters, look at the periods of so-called Christian society: one need not go through the litany of alleged faults, from the Crusades to the Inquisition to Galileo; they are repeated so often as to have become catchphrases. Then further, look at the history of the institutional Church itself. Often among the leaders of the Church—bishops and priests and monks and nuns—examples of greed, sensuality, and desire for power are not hard to find. Even where more blatant sins are not in evidence, there often lurks a spirit of small-mindedness, of pettiness and selfishness, rather than the large-hearted, noble, and generous spirit promised by the Gospel. What happened to the high Christian ideal of restoring all things, of forming a new kind of human being, of participating in divine power, of loving one another with supernatural help? Then the gaze shifts to the present. It is easy to find examples of bad behavior among Catholics, from the scandalous activity of misbehaving priests to the less sensational but more common experience of lukewarmness and hypocrisy among the laity. Doesn't all of this point to a failed idea? However much we may admire the personality of Jesus, and whatever positive qualities the theoretical vision of Christianity may possess, has not the Church shown itself incapable of making real what it so eloquently professes?

An essential aspect of the Church as founded by Christ is that it is both a divine and a human institution. This combination of humanity and divinity, a mixture that has often been found offensive to spiritually sensitive people, is God's preferred mode of artistry. He takes up the theme in whatever he does, weaving together in indescribable ways matter and spirit, the mortal and the immortal, the Creator and the creature, in all his great works. The mixture can be seen in his conception of the human, this odd being composed of both body and spirit, bound by time and space but with a capacity and a corresponding longing for a divine destiny. The theme shows up in the way God brought forth his written word, the Sacred Scriptures, writings of varied forms and languages generated over more than a thousand years, penned by many different hands and minds—all very human processes—yet nonetheless authored by the Holy Spirit and possessing a divine quality and an authority unlike any other book. The theme is expressed most forcibly, even shockingly, in the union of the divine Son of God, the Eternal Logos, with a specific human being at a particular time and place, Creator and creature locked in a mysterious unity. And the theme takes form in the Church, a visible institution with every possible kind of human aspect—governmental, relational, cultural, economic, organizational—made up of and run by flawed men and women, yet mysteriously the very Body of Christ present in the world.

The saints are given to us in order to perceive this mystery at work. It is in their shining example that the promises of God to renew the human race are made most visible.

This understanding of the true state of humanity can help in assessing one popular current of thought that calls Christianity a failure. Much of the intensity of this sentiment comes from the essentially utopian attitude of most of our contemporaries. Having denied Original Sin, our society is left thinking that we really can fundamentally fix the world. So we set out to eradicate injustice, greed, lust for power, trafficking in humans, even sadness and loneliness, and we put forward our plans to fashion a world of peace, happiness, and justice. Seen through this lens, Christianity is thought to be one among a number of programs designed to accomplish these utopian goals; and from this point of view, the results of two thousand years of Christianity are far from overwhelming. The influence of the Church on whole cultures and civilizations can hardly be denied, yet we seem no closer to our envisaged paradise than we were before Christ arrived. Christianity is thus judged to have been a failure, because it has not decisively eradicated the evils that have beset us.

But this is a profound misunderstanding of what Christianity has claimed to do and to be. Christ did not come to turn the earth into a paradise—not yet. Christians have never believed that all evil, or even most of it, could be overcome in the current age of the world. Christ came "to bear witness to the truth" (Jn 18:37), and from the beginning of salvation history the evidence is not great that humans on the whole have desired truth. At his birth, Jesus was spoken of by Simeon as "the fall and rising of many" and a sign of contradiction (Lk 2:34). The Church is accomplishing her mission when she is true to her Founder, when she bears witness to the truth of Christ, and when she helps those who desire Christ along a path of healing and of hope in a coming Kingdom. Jesus himself was not universally hailed and honored; quite the opposite.

How then is the success or failure of the Church to be assessed most clearly? The measure of her success will be found in the personalities of the saints, her truest and most representative members. The saints are those who rise with Christ; they are examples of the kind of transformation possible for those who are willing to take the Divine Doctor at his word, and who are ready to follow his prescriptions. They are a sure sign of the continuing presence of Christ in the world.

In matters of reform, the saints are once again decisive. True reform is a matter of regaining and maintaining the true image of Christ, and the true reformer is the one who most fully expresses the image of Christ in all facets of life. It has been said that the Church is not a democracy; it has often come almost as an accusation that the Church does not settle matters of truth, justice, or goodness by majority vote. But if the Church is not a democracy, she is not a monarchy either, not in the usual sense of that word. True,

Christ is the King, the Head of his Body, and in that sense the Church is gloriously monarchical. But in putting Christ's kingship into action through the ministries of his servants, in matters of polity, in making her way through the world, in sorting out the many issues and challenges she faces in a constantly changing human environment, the Church operates neither as a monarchy nor as a democracy. She moves forward mysteriously as a kind of oligarchy of the influence of the saints. When all is said and done, when the dust of the frenzied moment settles, when the broad lines of the Church's life can be traced through time, an astonishing truth emerges. The Church has not simply gone the way of her popes, or her bishops, or her theologians, or her councils, or the majority of her believing members. Instead, the Church has followed her saints; and when she has followed popes or bishops or theologians, she has done so especially when they were saints, or because they were following the tracks marked out by saints. The Church will be found to have kept careful tabs, by an ineffable spiritual sense, on those remarkable responders to the grace of God. "Be imitators of me, as I am of Christ," said St. Paul to the Corinthians (1 Cor 11:1). So the Corinthians did; and so the Church has done down through the centuries, imitating those imitators of Christ, the saints.

This means that if we want to comprehend the essence of the Church, we need to become acquainted with her most characteristic members, the saints. If we want evidence of the transformative power of the Gospel, we should seek it in the lives of those who took the Gospel most seriously: the saints. If we want to understand the nature of true reform, we will find its pattern in the lives and in the teaching of the true reformers of the Church: the saints.

The sixteenth century, the time during which the reforming saints chronicled in this book lived, was for Europe an age of profound change. The medieval system that had pertained for many centuries was breaking down. European society was being altered in significant ways—demographically, economically, politically, and geographically—in a process that was putting a great strain on existing institutions. Populations were rapidly growing and a new educated and literate middle class was emerging. New centers of cultural and political power were gathering at the courts of European monarchies. The invention of the printing press made the Scriptures and other spiritual writings easily accessible and whetted the appetite of the age for greater theological clarity and consistency. A renewed and deepened encounter with classical civilization through the recovery of many ancient texts was creating a ferment in the mind of the age. A higher standard was being demanded in many areas of life, not least in that most important area of all: religion. At the same time, Christendom was hard-pressed to protect itself from an increasingly potent Ottoman empire and was both challenged and intoxicated as the worlds of Asia and the Americas came into its vision. In the midst of this seething change, the key institution of society, the Church, was in dire need of reform. Old patterns were no longer working; old arrangements that had once served their turn were proving ineffective or corrupting. For a number of generations, the call had been voiced by all serious believers: "Reform in head and members!"

Historians have observed that revolutions most often occur, not when things are at their dismal worst, but rather during times of rising expectations. In such times, what had been previously at least an adequate state of affairs no longer satisfies the higher standards of a new age. The sixteenth century was just such a time of rising expectations in religious matters, and of a loss of patience with problems in the path of reform. It was an age of deep religious faith and great religious ferment, of strong and colorful personalities who responded to God amid the circumstances of their time in ways that continue to influence the Church and the world to this day.

Among the most remarkable of those personalities were the four saints in this volume, whose lives exemplify the way Church reform was furthered by lay men and women, priests, contemplatives, bishops, and popes. Seeing how they responded to the challenges of their age will help us to understand the times in which they lived—and more than that, hopefully it will be an inspiration and a source of wisdom for meeting the demands of our own rapidly changing and highly challenging age.

Chapter One

St. Ignatius Loyola

"Go and set the world on fire!"

The year 1492 is famous to Americans as the year Columbus
discovered the New World, sailing under the patronage of
the Spanish crown. It has yet another significance in Spanish
history. It was the year of the final expulsion of the Moors
from the Iberian Peninsula, the last act in a drama that had
been unfolding for centuries, and it marked the beginning
of what has been called *El Siglo de Oro,* Spain's Golden Age.
First under the joint rule of Ferdinand and Isabella, and then
during the reign of Charles V, Spain emerged as Europe's
strongest kingdom and the world's first global power. The
Spaniards developed a vast empire, controlling large portions
of Europe and ruling lands from Latin America and Africa to
the Philippines in East Asia. The Spanish army during those
years was well-nigh invincible. Yet not only in political life,
but in all areas of cultural activity, sixteenth-century Spain
saw a remarkable efflorescence. This was the age of El Greco
and Velazquez in painting, of Cervantes and Lope de Vega
in literature, of Tomas de Victoria in music. It was a time of
the growth of universities and of rich developments in many
branches of learning. The Spanish were a proud people: proud
of their military talent, of their chivalric customs, of their
cultural achievements, and of their allegiance to the Catholic

Faith. Having been forged in a centuries-long fight for their
national and religious identity, they characteristically pursued
their aims with great energy, courage, and determination.
A national character of this type could be a double-edged
sword. It might, if unredeemed, produce the vainglorious
conquistador or the haughty courtier. But when transformed
by the love of God, it could also prove fertile soil for a very
high type of sanctity.

It is a truth about saints that they transcend the age in
which they live. Each generation discovers them anew and
finds fresh inspiration in their lives and their example. But
it is also true that saints are human characters embedded in
the possibilities and limitations of their times. They are not
strange prodigies alien to the spirit of their age, but men and
women who, by their cooperation with God's initiative, have
allowed the whole of their personalities and all the elements of
their inherited culture to be touched by grace and thus lifted
and purified. In the lives of the saints, as in everything else,
grace builds on nature.[1] This truth is clearly at work in the
figure of Ignatius Loyola. He was a Spanish hidalgo of Basque
descent, and in many respects his approach to God and to
the spiritual life reflected his background. At the same time,
under the transforming hand of God, the qualities typical of
his country and class gained in Ignatius a universal meaning.

Iñigo was born in 1491, the youngest of thirteen children,
in the ancestral castle of the Loyolas, a Basque family of
minor nobility. (He would take the name Ignatius later
in life, perhaps in imitation of the martyr Ignatius of
Antioch.) Of his early life we have little detail beyond a few
reminiscences taken down many years later. At around

[1] Cf. Thomas Aquinas, *Summa Theologica*, Part 1, 1:8: "Grace does not destroy
nature but perfects it."

age fifteen, he took service as a page in the household of a relative who had a significant post in the kingdom of Castile. In his mid-twenties he entered military service under the Viceroy of Navarre. The military vocation came naturally to Ignatius; he came from a family of soldiers. One of his brothers died fighting in Mexico City, a second in Naples, and a third against the Turks in Hungary. Ignatius imbibed deeply of the spirit of his time and place, and set before his eyes the ideal of the accomplished man of the world: vain and dashing, concerned with military glory and the attentions of fashionable ladies. His brief comment in his *Autobiography* (in which he speaks of himself in the third person) notes simply that "he was a man given over to vanities of the world with a great and vain desire to win fame."[2] In his military capacity under the Viceroy, in the year 1521, he had the task of leading the defense of the fortress of Pamplona against a French attack. It was characteristic of the man to insist on defending the fort even when his comrades-in-arms thought it indefensible. In the midst of battle, he was hit by a cannonball that badly broke one of his legs and wounded the other. With their valiant captain down, the defense of the fort collapsed, and Ignatius was sent by his courteous French captors to convalesce at the home of his father. His insistence that his leg be healed such as not to mar his appearance led to a number of painful operations, and at times he was close to death. He was thirty years old, and his life was about to take a radical new direction.

To pass the time while convalescing, Ignatius asked to be given books of chivalrous romances. There were none of the kind he wanted to be found in the castle, so instead he took to

<hr>

[2] St. Ignatius of Loyola, *The Autobiography of St. Ignatius of Loyola*, trans. Joseph O'Callaghan, ed. John C. Olin (New York: Fordham University Press, 1992), 21.

reading two religious books: *The Life of Christ* by the German monk Ludolph of Saxony, and *The Golden Legend*, a collection of the lives of the saints. Confronted by the personality of Christ and the great deeds of the saints, Ignatius was deeply moved. All the Spanish chivalric instinct and desire for glory that ran so strongly in him were caught up and inflamed; his earlier desire for worldly fame was transposed into a determination to do great things for his true King and so to win honor in Heaven. "While reading the life of Our Lord and of the saints," Ignatius remembered later, "he stopped to think, reasoning within himself, 'What if I should do what St. Francis did, what St. Dominic did?'"[3] He was filled with loathing for his past life, and he determined to do penance by taking to the road as a pilgrim. It was the beginning of a long journey that would ultimately have a great effect on both the Church and the world.

The year 1521 was notable for more than Ignatius's conversion. It was the year that Hernán Cortés, a man of roughly the same age and social background as Ignatius, completed the conquest of Tenochtitlán and the Aztec Empire, opening a new chapter in Spanish and European history. It was also the year in which Martin Luther, having written three widely-read tracts against the Catholic Church, refused to retract his positions before the imperial general assembly, or Diet, at Worms, thereby effectively initiating the Protestant Reformation. These momentous events did much to shape the world into which Ignatius would throw his considerable energies as a missionary and reformer of the Church. He later said, "I do not consider myself as having retired from military service, but only as having come under the orders of God."

[3] *Ibid*, 23.

Ignatius's life after his conversion can conveniently be divided into three parts or phases, each of which has its special significance. The first phase, which began as soon as his conversion had commenced, lasted some three years. It included the time of his convalescence, his yearlong stay in Manresa, and his pilgrimage to the Holy Land. This was a period of intense interior life: long hours of prayer, rigorous works of penance and purification, and remarkable mystical experiences. The second phase, lasting some fourteen years, was an extended time of study and apostolic activity during which Ignatius gathered groups of men around him, first in Barcelona, then at the universities of Alcalá, Salamanca, and Paris, and then for a short time in Venice. It was a period of honing his method of evangelization and of significant opposition to his apostolate. The final phase began with his return to Rome in 1538 and involved the founding of the Society of Jesus two years later and his wide-ranging duties as general of the order, a task that ended only with his death in 1556.

The First Phase: Ignatius Is Taught by God

A time-honored practical rule of the spiritual life says that one needs to be careful when imitating the saints. Their faith, their virtues, and their abandonment to the Divine Will are examples for all believers. But the particular patterns of their lives and the specific ways they are called to respond to providential initiative are often exceptional and idiosyncratic. What is excellent in the life of a saint may not be prudent or praiseworthy in every believer. This rule should be remembered when we examine the life of St. Ignatius.

From the time of his initial conversion, Ignatius was dealt with by God in a unique way. The uniqueness was not so much in the conversion itself. It was certainly a dramatic event to go from soldier to pilgrim as Ignatius did, leaving behind family, worldly ambitions, social status, and possessions in order to follow Christ. But many others caught by the beauty and love of God have altered their lives in equally drastic ways. When Peter and John left their nets and their fishing business to follow Jesus, they modeled the inner pattern of every true conversion. What made the early years of Ignatius's conversion so distinctive was the degree to which God took him in hand and taught him profound spiritual and pastoral truths, including the whole cycle of Catholic doctrine, in a way almost entirely unmediated by the help of others. Ignatius himself came to realize this. He later said of those first years: "God treated him at this time just as a schoolmaster treats a child whom he is teaching... he clearly believed and has always believed that God treated him in this way."[4]

There was a clear providential purpose in the conversion of Ignatius. Like St. Paul, Ignatius was a chosen instrument to be used by Christ for the sake of a great apostolic mission. Like Paul, he had a strong personality and an iron will, but these traits were being exercised in a wrong direction. Like Paul, he was taught the Gospel by the Holy Spirit as a preparation for that mission. Paul once wrote of his own reception of the Faith: "Brethren, I would have you know that the gospel which was preached by me is not man's gospel. For I did not receive it from man, nor was I taught it, but it came through a revelation of Jesus Christ" (Gal 1:11–12). Though never claiming any special prophetic or apostolic authority, Ignatius spoke similarly about his own manner of receiving the Gospel. He later recounted an experience of this

---

[4] *Autobiography*, 37.

kind from his time at Manresa: "While he was seated there, the eyes of his understanding began to be opened; though he did not see any vision, he understood and knew many things, both spiritual things and matters of faith and of learning." Along with this experience of infused understanding, Ignatius received visions of Christ, Our Lady, and the Trinity that so deeply impressed the truths of the faith upon him that, as he later said, "if there were no Scriptures to teach us these matters of the faith, he would be resolved to die for them, only because of what he had seen."[5]

The effect of these divine visions and graces was evident in the way Ignatius began, soon after his conversion, not only to talk about his newfound life, which would have been natural enough, but to lead others confidently as a teacher of the Faith and a director of souls. From a distance of time and a knowledge of his future course, it seems obvious that Ignatius would quickly have become a spiritual guide. But if we see him as he would have been viewed by his contemporaries, the strangeness of his behavior is more arresting. Here was a man who had spent the whole of his thirty years pursuing nothing but worldly interests. He had thrown all his energy into the acquisition of fame and a prestigious career, and his tastes and affections had been molded on that pattern. He was no doubt a Catholic, but of that common hereditary type who was familiar with the cultural practices of the Church but viewed them as mere social conventions. Well-trained in military arts and in the demands of polite society, he was otherwise poorly educated. He knew next to nothing of theology. This same man then has a dramatic encounter with Christ and determines to change the course of his life. He has

---

[5] *Ibid*, 39.

a necessarily arduous business before him, the task of every convert who has been busily shaping his character apart from the will of God. He will need to unlearn the ingrained habits of many years. He will need to develop a new set of spiritual senses to come alive to invisible realities. He will need to learn something of the rich body of doctrine and practice that every serious Catholic embraces. He can expect, even as he counts on God's help, that this will require time and hard work, and he will need good teachers and mentors to help him along the way.

But under the impulse of grace, Ignatius takes an entirely different path. Though he seeks spiritual mentors, he can find no one who suits his need. Instead, he is drawn into an intense solitary experience of being trained directly by the hand of God, schooled in the truths of the Faith and in principles of prayer and rules of discernment. He then confidently takes others under his wing as a spiritual master and teaches them what he has learned, though he is only the merest beginner in the spiritual life. This sort of behavior would typically characterize an overzealous neophyte with more enthusiasm than knowledge. But such was not the case with Ignatius. Though an untrained layman, he displayed a sure grasp of the doctrinal and moral truths of the Faith. The novel method of conversion and discipleship that he developed during these solitary years, the so-called Spiritual Exercises, quickly came to be recognized as a marvel of Catholic spirituality and have been counted among the most effective means of spiritual transformation that the Church has known. All this from a man who had never studied theology, had never been guided by a spiritual director, and until the day before yesterday had been leading the life of a vain worldling. Those who witnessed the spectacle might well have asked themselves the same question posed by the astonished townspeople of Nazareth as they listened to the teaching of Jesus: "Where then did this man get all this?" (Mt 13:56).

The Pauline-like conversion and early experience of Ignatius underlines a key principle of Church reform: namely, that Christ is Lord of the Church, and it is he who takes the initiative in imparting and protecting the divine life of his Body. The sixteenth-century Church was in dire need of reform, and serious Christians were rightly concerned about what they might do to rectify matters. But the fortunes of the Church depend ultimately not on human activity—however important that may be—but on the faithfulness of God. If the instruments that are meant to care for Christ's Church and his mission prove faulty, he will find others suited to his purposes, even if it means catching hold of a wounded middle-aged Basque soldier.

The Second Phase: Apostolic Success and Opposition

From first to last, Ignatius was a man of deeds. He put a high value on prayer, and his own spiritual life puts him in the company of the Church's great mystics; but like an arrow on a string, he was always poised and ready to fly into action. The question he posed to himself and to his spiritual disciples was always: What will we do for Christ and his greater glory? Ignatius's first thought upon his conversion was that he would go on pilgrimage to the Holy Land. There had been a long tradition of pilgrimage as a penitential exercise, and to this purpose Ignatius added a deeper motive. Knowing that his life was now taking a different course as a disciple of Christ, he hoped to remain in the Holy Land and to serve other pilgrims at the holy sites and, if possible, to preach the Gospel among the Turks. After his stay at Manresa, he set off for the Near East, and through many adventures and difficulties he arrived in Jerusalem. But it soon became clear that the Franciscan keepers of the holy sites would not give him permission to remain. After less than a month in the Holy City, he was obliged to take ship again for home. He later recounted, "After the pilgrim realized that it was not God's will that he remain in Jerusalem, he continually pondered within himself what he ought to do. At last he inclined more to study for some time so he would be able to help souls."[6]

During this new phase of his life, Ignatius pursued his studies, but by his own account his education was not the main thing occupying his mind and his energies. The universities he attended were among the most prominent of his time—the University of Alcalá, recently founded by the great humanist scholar and Church reformer Cardinal Ximenes, where he spent a year and a half; the University of Salamanca, Spain's most famous university, where he stayed for six months; and finally the University of Paris, the premier theological school of Christendom, where he studied for seven years and eventually became a master of theology. But though his education was necessary to him as a tool for his mission, it was not an important chapter in the formation of his understanding or his spiritual life. He had already imbibed the truths of the Faith in a profound way by supernatural means. He later commented that what he had learned directly from God at Manresa, before he had begun his formal education, was of such richness and depth that "in

[6] *Ibid*, 54.

the whole course of his life, through sixty-two years, even if he gathered up all the many helps he had had from God and all the many things he knew and added them together, he does not think they would amount to as much as he had received at that one time."[7]

What did occupy Ignatius's mind and energy during these years, apart from the time-consuming task of begging for his livelihood, was his apostolic outreach. Here again one sees a likeness to the Apostle Paul. Like Paul, Ignatius had a burning desire to preach the Gospel, what he described as being "of use to souls." Like Paul, Ignatius was warm-hearted and passionate, making a deep impression on all those he met. Like Paul, he was not a skilled speaker: he never really mastered any language beyond his own native Basque, and his preaching and conversation in Castilian, French, or Italian were often peppered with grammatical errors and a mixture of words from different tongues. Like Paul, wherever he went he brought about rapid conversions and raised a storm of turbulence. A regular pattern began to occur: first, there would be public notice of him; then a number of conversions to the Faith; and then growing resistance to his apostolate.

It is not surprising that Ignatius would make a splash wherever he went. A man of the noble class, already in his mid-thirties, he arrived at the university to study with men half his age. Though a layman, he wore a hermit's garb of rough fabric, went barefoot, and begged alms to meet his daily necessities. He spent much of his time praying and was regular and devout in his reception of the sacraments. He took whatever opportunity he could to speak about the

---

[7] *Ibid*, 39–40.

service of God, and, by all accounts, despite his unusual way of living—perhaps because of it—he was highly effective. He invited those who responded favorably to his message to take the Spiritual Exercises, and the results were often dramatic. Many, some among them of high station, would take a renewed interest in serving God and seriously alter their lives, and there was always a handful of young men who would join him, throwing over their secular ambitions and imitating his life and his apostolic work. At a certain point, all this ferment would spark a reaction. Whether from a genuine concern for the good of the Church, or from jealousy of his influence, or from worldly motives among relatives of his converts who were worried at the readiness of his disciples to abandon wealth and position, his apostolic activity would be attacked. By some, he was called a seducer of students; others questioned his orthodoxy; others spread false rumors about his morals and called his companions "sack-wearers" and "illuminati." On more than one occasion, he was imprisoned. Five times he came before the Inquisition, and five times it was found that there was no error either in his doctrine or in his way of life. He carried himself through all these ordeals with calm fervor. "Does imprisonment seem such a great evil to you?" he said to a woman who expressed concern once at finding him in jail. "I will tell you that there are not so many grills and chains in Salamanca that I would not wish for more for the love of God."[8]

The great instrument of Ignatius's apostolic work was the Spiritual Exercises that he first developed at Manresa and continued to hone as the years went by. Much has been written about the Exercises, which comprise not so much a book of

---

[8] *Ibid*, 70.

devotion as a manual for making a thirty-day retreat. The point of the Exercises was to take the retreatant out of the normal stream of life and during a prolonged and intensive period set before him the great truths of the Faith, using for the purpose many different means: meditation on the Scripture, strong appeals to the imagination, familiar prayer, external austerities and supports, regular examination of conscience, the pursuit of particular virtues, and frequent reception of the sacraments. The Exercises were intended to result not only in conversion but also in a determination to pattern the whole of life for the glory of God and the good of others. Ignatius had great confidence in the power of the Exercises to effect serious change and would use whatever means he could to bring his friends and disciples to them. Once he made a wager with a friend who was vacillating about taking the month-long plunge. He suggested they play a game of billiards; the loser would do whatever the winner wanted for thirty days. They played, and Ignatius won. The man went through the Exercises and had a complete change of life.

The Exercises provided the age with something many were seeking: a way of approaching the spiritual life that was at the same time explosively potent and eminently practical. Their manner of promoting an intimate personal connection with Christ appealed to a time that was putting more emphasis on individual experience. The Exercises left an indelible imprint on the sixteenth-century reform of the Church. Ignatius wrote of them many years later: "The Spiritual Exercises are the best that I have been able to think out, experience, and understand in this life, both for helping somebody to make the most of themselves, as also for being able to bring advantage, help, and profit to many others."[9]

[9] Ignatius to Fr. Miona, 16 November 1536, in *St. Ignatius of Loyola: Personal Writings*, trans. Joseph A. Munitiz and Philip Endean, (New York: Penguin, 1996), 139.

Two aspects of the Exercises can be underlined as giving a sense of the whole. One was what Ignatius called the "Principle and Foundation." Ignatius focused the mind with a laser-like intensity on the purpose of human life and insisted that everything be seen and judged in the light of that purpose. "Man is created to praise, reverence, and serve God our Lord, and by this means to save his soul. All other things on the face of the earth are created for man to help him fulfill the end for which he is created." This being the case, one should use the things of the world insofar as they helped to attain that end, and rid oneself of all that might get in the way. All desire and all choice should be directed to "attaining the end for which we are created."[10]

A second key aspect of the Exercises was a way of imaginatively viewing life best expressed in the meditation on "The Two Standards." Ignatius had the disciple imagine, by a careful construction of an interior picture, two armies arrayed for battle: one led by Lucifer, the other led by Christ. Lucifer was pictured as "seated on a great throne of fire and smoke, in the center of the vast plain of Babylon," surrounded by countless demons whom he scattered across the world "to ensnare men and to bind them in chains." It was "a horrible and terrible sight to behold." By contrast, Christ was standing in a lowly place around Jerusalem, "beautiful and gracious." Christ was choosing disciples, and he sent them "throughout the whole world to spread his sacred doctrine among men of every state and condition."[11] Both Lucifer and Christ wanted all men under their standard; each called them to follow him; a great battle was waging between them. The momentous question posed by the Exercises was: Whose standard will you take

[10] *Ibid.*, 289.
[11] *Ibid*, 310–11.

up? Under which banner will you fight? There was no middle ground; one had to choose one side or the other.

The image of the disciple as a valiant soldier fighting under a glorious captain may have had a special appeal to the former soldier in Ignatius, but it was not his own invention. It was an image rooted in the Scripture and with a long tradition in Christian spirituality. But under the hand of Ignatius that image gained a vivid and motivating clarity. Ignatius would later write to young aspirants of the Society:

> Place before your eyes as models for your imitation, not the cowardly and the weak, but the brave and the fervent. Blush to be surpassed by the children of the world, who are more solicitous to acquire the goods of time than you are to gain the goods of eternity. Be confounded to see that they run more swiftly to death than you to life. Think yourselves capable of very little, if a courtier, to gain the favor of an earthly prince, serves him with more fidelity than you serve the king of heaven; and if a soldier, for a shadow of glory and for the wretched share of the spoils which he expects from a battle won, fights against his enemies and struggles with more valor than you do to conquer the world, the devil, and yourselves, and to win by that victory the kingdom of heaven and an immortal glory.[12]

During this long period of his education and his growing apostolate, Ignatius had no clear plan to found a new religious community. As a natural leader, he had gathered groups of young men around him who had had been converted to the service of Christ through the Exercises and who naturally looked to him for direction. In 1534, on the hill of Montmartre in Paris, Ignatius and six of his companions, nearing the

---

[12] Paul Doncouer, S. J., *The Heart of Ignatius* (Baltimore: Helicon Press, 1959), 66.

completion of their studies, made vows together that they
would serve Christ in poverty and chastity and would go to
Jerusalem and attempt a mission among the Turks. If it did not
prove possible to get to the Holy Land (there was intermittent
warfare throughout the eastern Mediterranean between the
Ottomans and various European powers), they would return
to Rome and put themselves at the service of the pope. Six
of the seven, including Ignatius, were laymen. There were
strong ties of brotherly affection among them but no formal
organization. As it happened, they were not able to make the
journey to Jerusalem, so after being detained for a time in
Venice (where Ignatius was ordained a priest in his forty-sixth
year), they made their way to Rome, where they arrived in
1538 and presented themselves to Pope Paul III. It was only
at this point that the idea of a new order arose and, despite
another wave of fierce attacks against them, in 1540 the pope
established the Society of Jesus.

The Third Phase: Ignatius as General

When Ignatius was elected general of the new religious order
by his brothers, he flatly refused the office. When a second
election was held four days later and he was again elected,
he again refused, until his Franciscan confessor told him he
needed to stop resisting the Holy Spirit. No doubt some of his
resistance was due to his humility, his sense of his unworthiness
to rule other men. But there may also have been a subtler factor
in play. From the time of his conversion, Ignatius had wanted
nothing more than to be a pilgrim on the road with Christ,
to call others to love and follow God. He was a missionary at
heart, with a burning desire to win for Christ's Kingdom those
who were most opposed to it. For him that meant the Turks

and the whole Muslim world. He had no special aptitude for organizational detail as that is usually understood; he was the opposite of a bureaucrat, and the fifty years of his life were not an obvious preparation for an administrative post. He may have thought that he would not be good at it. But his brothers saw the nature of his genius more clearly than he did. That genius, the great gift of Ignatius to the Church, was his ability, one could almost call it an instinct, to find the right institutional forms for capturing the work of the Holy Spirit in the new age the Church was encountering.

This gift of incarnating ideals in living forms, so necessary to a flourishing human life, was in operation in Ignatius from the first days of his conversion. Many have found themselves in the midst of a spiritual battle, needing to learn to listen to the voice of God and to turn from the voice of the devil. Ignatius also had such an experience, but he then took matters a crucial step forward: he gathered up what he had learned into a set of rules for the discernment of spirits that he could give to others. Many have battled to attain virtue; Ignatius developed a method for the acquisition of specific virtues. Many have encountered the drama of standing at the crossroads of life and of needing to make a firm choice for the Kingdom; Ignatius distilled his experience of that choice and produced the miracle of the Exercises. By the incarnation of his experience into graced institutional forms, the spiritual wisdom that had been entrusted to him was able to touch the lives of thousands.

To get a sense of the breadth of influence and the impact of the Jesuits, it can help to look at their early growth. At the time of their founding in 1540, there were ten members of the Society. By the year of Ignatius's death in 1556, the number had grown to a thousand, of whom only thirty-five were professed members due to their long training process. By 1580, forty years after their founding, there were five thousand members of the Society in twenty-one provinces. By 1615, at the seventy-five year mark, the Society counted over thirteen thousand members. A time that had been bewailing the ignorance and worldliness of priests was receiving its answer. Highly-trained and devout Jesuit priests were to be found everywhere: preaching and giving retreats, building churches, founding colleges and training young men, establishing missions around the world, providing theological expertise at the Council of Trent, engaging in polemics with Protestants, serving as directors of souls, shedding their blood for the Faith; all in the service of Christ, the Church, and the Holy See. It would not be unreasonable to suggest that the company gathered together under the Jesuit standard during the first 150 years of the order's existence was the most talented, disciplined, and impressively prepared group of men ever assembled for a single cause in the history of the world. When thousands of young men of ability, many from the upper reaches of society, respond with such alacrity to a high and difficult ideal, it is clear that a deep chord has been touched. By a combination of spiritual gift and native genius, Ignatius intuited the needs and aspirations of his time and fathered a form of life that could capture them and apply them across the miles and down the generations.

Ignatius's great task as the first superior and primary inspiration of the new Society of Jesus was to write the Society's Rule, or as it was termed by the Jesuits, their Constitutions. Ignatius knew that he was forming a new instrument for a new time; it was a long and painstaking labor for him. He introduced many innovations into his community.

There was to be no special religious garb. There was to be no obligation to chant Morning and Evening Prayer together in choir. Physical austerities were to be kept to a minimum. The Society would be centrally governed under a superior general, rather than the more traditional form of governance that worked locally by chapter. There was to be no oversight of convents and no female branch of the order. And the training involved for a professed member was to be long and thorough. In a letter to the pope in which Ignatius requested that the Jesuits not be tied down by certain responsibilities, he laid out the ruling idea behind this novel organization: "The other religious orders of the Church's army are like frontline troops drawn up in massive battalions. We are like light armed soldiers ready for sudden battles, going from one side to the other, now here, now there. And for this we must be unencumbered and free from all responsibility of this type."[13] Unencumbered and free for immediate action: with his great capacity for suiting the means to the proper end, Ignatius fashioned his society with this apostolic freedom in mind.

Ignatius's fifteen years as superior general were a kind of living martyrdom. The man who longed to be an itinerant missionary was compelled to live in Rome, chained to a desk, interminably writing thousands of administrative letters as he directed the rapidly increasing activities of the Jesuits around the world. But obedience was at the very heart of his spirituality, and he willingly put to death his personal apostolic inclinations for the sake of the greater glory of God. His missionary desires were not quenched, only channeled in new directions. To the end they would flash out and enkindle others with his burning zeal for the salvation of souls. As he

[13] *Ibid*, 69.

sent young members of the Society to the missions, he would bid them a final farewell: "Go, and set the world on fire!"[14]

---

[14] *Ibid*, 118.

St. Francis Xavier

"There is no better rest in this restless world
than to face imminent peril
of death solely for the love and service of God our Lord."

The sixteenth century was a time of change in Europe. There were conflicting developments and striking contrasts such that it is difficult to simply characterize the age. On the one hand, many of Christendom's long-standing social arrangements were tottering, leading some to think that the end of the world was near. On the other, new arrangements and new conceptions of human life were emerging, leading others to speak of the age as a new dawn, a renaissance, filled with exciting new possibilities. Again, Christian Europe was under increasing military threat from a growing Ottoman Empire that was gobbling up territory and curtailing Europe's cultural influence, even posing a threat to its existence. At the same time, the Portuguese were wresting from the Muslims their monopoly on the lucrative spice trade and were opening up the whole of Asia to Europeans, while the Spanish were founding a new empire in the Americas that would turn the Atlantic Ocean from being the limit of the West to an internal European body of water. And again, the Catholic Church, the institution that had carried Europe's spirit for a thousand years, was in severe crisis, in great need of reform, under unprecedented attack, and losing lands and peoples to the new Protestant movements. Yet even as this was happening, fresh and energetic expressions of the Catholic Faith and spirit were springing to life, while new lands and new peoples were entering the Catholic fold, transforming the Church into an international society that stretched across the globe.

According to a myth of the ancient world, the Pillars of Hercules, marking the western end of the Mediterranean Sea at the Strait of Gibraltar, were inscribed with the words *Ne plus ultra*: "Beyond this point, nothing." The words were meant as a warning to mariners that they had reached the limits of the habitable world. The name "mediterranean" meant "in the middle of things," and from Roman times onward the "Roman lake" had marked a significant European boundary, both geographically and imaginatively. But at the turn of the sixteenth century, that self-understanding was undergoing a great change of perspective. With the development of new shipbuilding and navigation techniques producing ships that could brave the waves and winds of the open ocean, the eyes of Europeans were increasingly set on the horizons, east, west, and south. When Charles V became king of Spain in 1516, he changed that ancient warning into a new call for action. He took as his personal motto—adopted as the national motto of Spain—the words *Plus Ultra*: "Further Beyond!" The astonishing missionary adventure of Francis Xavier was among the most compelling examples of this new attitude. Even during his lifetime, and yet more after his death, Xavier came to symbolize for Europe the explosive possibilities of the new age.

Francis Xavier Is Converted to Christ

It was sometimes said of the first two great men of the Jesuit order that Ignatius was the miracle of God, and Xavier was the miracle of Ignatius. A fellow Basque from a similar social background, Francis Xavier had been at the University of Paris for three years before Ignatius arrived, and they became involved with one another almost by accident. Xavier was a young man of strong personality, ardent and forceful emotion, and great charm of personality. He was also aimless and indolent, regularly out of money, and possessed of an unfocused ambition that left him ready to move with the current of life wherever it might take him. He happened to be rooming at the College of Sainte-Barbe with a young Frenchman named Peter Favre when Ignatius came to Paris in 1528 and lodged next door at College Montaigu. Favre was among the first of many students attracted to Ignatius and soon became one of his most fervent disciples. Xavier, on the other hand, wanted nothing to do with the strange and masterful vagabond who had captured his friend's imagination. But he found it impossible to avoid him. When Ignatius completed his Latin studies and was admitted to Sainte-Barbe, he was given lodgings—much to Xavier's disgust—with Favre and himself.

Ignatius took an immediate liking to his fellow country-man, perhaps perceiving what he might become if he were once converted to Christ, and he planned a careful campaign to win Xavier to the cause. It was a long and steady siege, lasting four years, about which we have little information. Ignatius later gave an inkling of what the time had required of him when he commented that Xavier "was the lumpiest dough he had ever kneaded."[1] The crisis point came when Favre was away for an extended period, and Xavier was left to face Ignatius alone. The master angler was rewarded for his patient labor: Xavier took the bait and underwent a powerful conversion. The effect was volcanic. From that point on, during the remaining nineteen years of his life, Xavier would be bound tightly to Ignatius in mind and spirit, bringing all his passion, his strength of will, his immense capacity for hard work, and his chivalric loyalty under the purpose and direction of his friend and spiritual father.

The next seven years after his conversion were for Xavier a time of preparation for a mission he had not yet fully glimpsed, during which he laid the foundations of a deep life of prayer and a pattern of tireless apostolic activity. At this period Xavier's life had the internally devout and externally haphazard quality of the band of men forming around Ignatius. He was one of the seven companions who made vows at Montmartre in 1534. Then late in the next year, with Ignatius off on a visit to Spain, he and his companions set out for Venice traveling overland by foot, taking a roundabout way to avoid a zone of war. According to their vow they would then embark on their proposed mission to the Turks in the Holy Land. They found Ignatius in Venice ahead of them, and while waiting for their plans to ripen, they served in hospitals that had recently been established by Jerome Emiliani and Gaetano da Thiene, both of whom were founders of new religious orders and who would one day be canonized. Xavier was ordained a priest at this time, along with Ignatius and those among the other companions who

---

[1] James Brodrick, S. J., *Saint Francis Xavier* (New York: The Wicklow Press, 1952).

were not yet in orders. Finding the door to the Holy Land closed due to war, the group scattered, converging on Rome to present themselves to the pope.

On the way to Rome, Xavier stopped for some months in Bologna along with Nicholas Bobadilla, another of the companions. It was in Bologna that Xavier's gift and zeal for missionary work began powerfully to show itself. His approach was direct and arresting. He would go to one of the city's crowded piazzas, wave his hat and call to the onlookers to gather their attention, and despite his serious lack of polished Italian, would hold them entranced by his force of personality and the potency of his faith. "After Mass," reported one who witnessed his activity there, "he would spend the entire day hearing confessions, visiting the sick in the hospitals and prisoners in the jails, serving the poor, preaching in the piazzas, and teaching children or other uninstructed persons Christian doctrine."[2] Already at this early stage, Xavier's mind was moving toward the East. "He used to talk frequently and fervently," a priest friend from Bologna remembered, "about the affairs of India and the conversion to our holy faith of its great gentile population. He had his heart set on making the voyage and was all afire to accomplish it before he died."[3]

Xavier traveled to Rome in the spring of 1538, the last of the group of companions to arrive. Now for the first time, the group began to consider together the possibility of establishing themselves as an order. After long discussions far into the night during the spring and summer of 1539, they wrote a short document outlining the structure and aims of their proposed society and presented it to Pope Paul

[2] *Ibid*, 63.
[3] *Ibid*, 76.

III. The idea gained the pope's immediate approval, but due to powerful opposition from other members of the Curia, it was a year before the new order was formally instituted. Before that event came about, Xavier would already have departed from Rome on mission. It is a sign of the impressive depth and clarity of Ignatius's spiritual training that Xavier, who would never again live with Ignatius and his brothers but would be separated from them for many years and by thousands of miles, was so well able to incarnate and express the spirit of the new religious order.

The particular charism or ministry of the new Society, as it was expressed in that first document, was so broad as to include virtually all kinds of priestly ministry. They were to be a community founded "for the advancement of souls in Christian life and doctrine and for the propagation of the faith by the ministry of the word, by spiritual exercises, by works of charity, and expressly by the instruction in Christianity of children and the uneducated." Certain traditional practices usual among religious orders to help maintain unity and cohesion were explicitly absent, notably the duty of praying the Office together. With such a broad scope of apostolate and so little to bind them together in common life, how were they to keep their focus? What was to be their unifying principle? That principle was to be found in the famous "fourth vow" of the Jesuits, obedience to the pope. Here is how the document put the ideal:

> All the companions should know and daily bear in mind, not only
> when they first make their profession but as long as they live, that
> this entire Society and each one individually are soldiers of God
> under faithful obedience to our most holy lord Paul III and his
> successors and are thus under the command of the Vicar of Christ
> and his divine power not only as having the obligation to him

which is common to all clerics, but also as being so bound by the
bond of a vow that whatever His Holiness commands pertaining to
the advancement of souls and the propagation of the faith we must
immediately carry out, without any evasion or excuse as far as in us
lies, whether he sends us to the Turks or to the New World or to the
Lutherans or to others, be they infidel or faithful.[4]

All aspects of the common life were to be subordinated to
this readiness for immediate action in whatever direction was
necessary under the orders of the pope. This was the "light
infantry" model, under the eye of a commanding general, that
Ignatius and his brothers placed at the service of the Church.

The men who founded the new Society of Jesus had made
a strong impression in Rome and elsewhere, and there were
increasing requests for their services. Among the most insistent
came from the king of Portugal, whose overseas settlements
and colonies were in desperate need of missionaries. Two of
the companions had been promised for the Indian mission,
neither of them Xavier. But one of the two, Bobadilla, got
seriously ill, leaving only one among the companions still free.
"Francis," Ignatius said to him, "you know that by order of his
Holiness two of us have to go to India, and we chose Bobadilla
as one of the two. He cannot go now owing to his illness, nor
can the Ambassador wait until he gets better. This is your
enterprise." Xavier's response was immediate: "Well, yes! Here
I am!"[5] The next day he left with the Portuguese ambassador
for Lisbon. He was never to return.

---

[4] St. Ignatius of Loyola et al., "The First Sketch of the Society of Jesus" in *Catholic Reform: From Cardinal Ximenes to the Council of Trent, 1495–1563,* ed. John C. Olin (New York: Fordham University Press, 1990), 83–4.

[5] Brodrick, *Francis Xavier,* 77–8.

Xavier's Missionary Journeys

Europe had long been isolated from the lands and markets of south and east Asia, due to Muslim control of the trade routes both overland and by sea. During the fifteenth century the Portuguese began to explore ever further afield. Columbus had first sailed westward because he wanted to get to "the Indies." He found instead a huge continent that proved to be its own theater of exploration and settlement, with the lure of silver and gold to make the venture worthwhile. To the east were the ancient and fabled lands of Asia with all their exoticism, their large populations, and their wealth. Of most interest to the European merchants were the spices so coveted in European kitchens. In 1498, the Portuguese mariner Vasco da Gama rounded the southern cape of Africa and arrived in India, bypassing the normal trade routes. In 1510, the city of Goa on India's west coast was conquered by Afonso de Albuquerque, and from there the Portuguese began to stretch out a mercantile empire that gave them access to the markets and materials of the whole of Asia. They established themselves in Malacca in what is now Malaysia, and then went further east to the Moluccas (the famous Spice Islands, now part of Indonesia) and to East Timor and New Guinea. They initiated relations with Thailand and Japan and eventually gained control of the island of Macau off the coast of China. As Xavier was serving under the patronage of the Portuguese crown, his missionary journeys followed the path staked out by the Portuguese.

To understand the great significance of Francis Xavier to his age, it is necessary to catch something of the excitement that was aroused in Europe by the opening up of the globe. Xavier spent only ten years as a missionary in Asia, but those years flamed like a comet above the skies of Europe. In the complex world of western Christendom, the allure of glory, gold, and immortal souls for Christ were smelted together in an alloy that we now find difficult to comprehend. Europe followed Xavier's missionary exploits through the letters he sent to his Jesuit brothers, some of which they circulated and published. Though he hardly knew it and would not have cared about it, Xavier was a famous man in Europe before he died. He seemed to be accomplishing on a spiritual plane the sort of conquests that other explorers and conquistadors were gaining in more worldly terms.

To briefly set out Xavier's missionary itinerary gives some sense of his remarkable labors. He set sail from Lisbon in 1541. Rounding the Cape of Good Hope, he put in at Mozambique on the southeast coast of Africa, where he worked among the locals for six months while he waited for favorable winds. He arrived at the Indian port city of Goa in the spring of 1542. After four months there, he traveled south to Cochin on the southern coast of India and spent more than a year as a lone missionary among the pearl-diving population. He then returned to Goa for some months and returned to Cochin for another year. In 1545 he took ship for Malacca in Malaysia. By this time he had become well known, and people there were awaiting him. In early 1546, he left Malacca and journeyed east to the Moluccas and the people of the Spice Islands. The next year he returned to Malacca, where he remained for another six months. He then journeyed back to Goa, visiting along the way all the groups among whom he had established missions. He then spent more than a year in Goa, where among other duties he attended to the growing Jesuit mission—by 1548 there were seventeen Jesuits in India. In

1549 he headed back east, arriving in Japan, where he opened a mission and stayed for two years. He then returned again to Goa. In 1552 he set out from Goa one last time, hoping to gain access to China. In December of that year, Francis Xavier died on the island of Shangchuan, waiting for a boat that would take him to the Chinese mainland.

The distance covered in all this travel is staggering. Xavier voyaged tens of thousands of miles by ship, at a time when it was not rare for half of the passengers to die on any given voyage. He walked many hundreds of miles, going from village to village among the peoples he was serving. He faced constant exposure to heat and storms, and was regularly sick with unnamed tropical diseases. Beyond his travels, he kept up a regimen of extraordinary missionary activity. He slept only two or three hours a night, spending the remaining hours in prayer. He ate little, paying no attention to his physical health. He preached and taught incessantly. According to best estimates, he baptized something like thirty thousand people. He heard confessions by the thousands, visited and anointed the sick, said masses for lepers, and presided at burials. He wrote songs for children and the illiterate with lyrics taken from the words of the Creed. Never a particularly brilliant student, he spent long tedious hours attempting to learn something of the languages of the various peoples among whom he served. He organized the mission work of the other Jesuits in his care.

One of his longtime associates who had known him in Portugal and in the Indian mission remembered his extraordinary energy:

> No human being could have done what he did or have lived
> as he lived without being full of the Holy Spirit. …If he could

find time in the night, as he never could during the day, he gave himself completely to prayer and contemplation. Day and night, he consoled men, hearing their confessions, visiting them when sick, begging alms for them when they were poor. He had nothing of his own, and on himself never spent a penny. As much as one could dream of a man doing he did, and more.[6]

No wonder stories and legends sprouted around him like flowers. Those who watched his indefatigable activity and his unrelenting zeal were not surprised that Xavier died after a seemingly short ten years of mission; they were amazed that he lasted half that time.

Xavier's Missionary Principles

Goa, Xavier's first Indian destination, was an immense and bustling city, many times as large as Rome or London. When he first landed there, Xavier was nearly overwhelmed by his sense of his own inadequacies. Soon after arriving he wrote to his brothers: "In God's name and for His glory, tell me fully and clearly what ought to be my method of approach to the pagans and Moors of the country to which I am now going. It is my hope that by means of you God will teach me how I must proceed in order to convert them to His holy faith. Your letters will show me the blunders to avoid, the wrong methods which I must change." He was also sobered by the great missionary need. "Dust and ashes as I am, and made to feel still more puny and despicable by witnessing with my own eyes the need of priests out here, I would be forever the slave of all who had the heart to come and labor in this vast vineyard of the Lord."[7]

---

[6] *Ibid*, 252.
[7] *Ibid*, 128–9.

But Xavier was never one to moon over difficulties. His natural energetic optimism, deepened and purified by an intense confidence in God, soon saw him up and active. Here is how one of his missionary associates described his approach to bringing the Gospel to the Goans:

> He went up and down the streets and squares with a bell in his hand, crying to the children and others to come to the instructions. The novelty of the proceeding, never seen before in Goa, brought a large crowd around him which he then led to the church. He began by singing the lessons which he had rhymed and then made the children sing them so that they might become the better fixed in their memories. Afterwards he explained each point in the simplest way, using only such words as his young audience could readily understand. By this method, which has since been adopted everywhere in the Indies, he so deeply engrained the truths and precepts of the faith in the hearts of the people that men and women, children and old folk, took to singing the Ten Commandments while they walked the streets, as did the fisherman in his boat and the laborers in the fields, for their own entertainment and recreation.[8]

Francis was a great heart rather than a profound analytical thinker; but his intuitive capacity for reaching people helped him to pioneer methods of evangelization that put an emphasis on finding points of contact between the Gospel and the local culture. He would then build his missionary enterprise around those areas of understanding, an approach that has since come to be called missionary enculturation. Xavier's instinctive sense of the principle of enculturation can be seen in his dealings with the Japanese. In India, and later in Malaysia and Indonesia, Xavier worked largely among the

[8] *Ibid*, 120.

poorest and least educated classes, adapting his method to their abilities. In coming to Japan, Xavier recognized that he was dealing with a highly sophisticated and well-educated populace. He abandoned his earlier method, giving more attention to the forms of Japanese life: manners of politeness, care in dress, and delicacy of communication. He knew that waving his hat and ringing a bell in the town square was no way to win a hearing for the Gospel among the Japanese. The point may seem obvious to us, but it was revolutionary in its time. Some years later the missionary principles pioneered by Xavier would be developed in a more systematic way by his successors in the Jesuit mission to Asia, Alessandro Valignano and Matteo Ricci.

The most powerful principle at work in Xavier's missionary activity, if it can be called a principle, was his evident love for those he was evangelizing. He genuinely cared for the people among whom he worked, and his warm-hearted concern for them broke down every barrier of language and culture. In this Xavier transcended his age. According to the biases of his birth and background, Xavier should have had every reason for despising these people. They were uneducated, poor, and, worst of all, pagan. Many Europeans of his time would have viewed them as little more than animals. But not Xavier. He wrote to one of his fellow missionaries: "I entreat you to bear yourself very lovingly towards those people. Learn to pardon and support their weaknesses very patiently, reflecting that if they are not good now, they will be some day."[9] He fought against the typical attitude of disdain among the Portuguese for the native populations among whom they lived. To young Jesuit recruits who were just coming to the mission, he wrote:

---

[9] *Ibid*, 167.

"Be careful never to criticize the native Christians in the presence of the Portuguese. Rather must you take their part and speak up in their defense, for they have been so short a time Christians and have so small a grasp of the faith that the Portuguese ought to be surprised to find them as good as they are. Try with all your might, Fathers, to win the love of your people, doing whatever you do for them with words of love."[10] He had a special delight for the Japanese: "They are the best race yet discovered," he wrote, "and I think that among non-Christians their match will not easily be found."[11]

It was the strength of this heart of love, a reflection of the heart of Christ, that made Xavier so eager to win recruits to the mission. Two years after his arrival in India, he wrote a letter to his Jesuit brothers that was widely circulated and that created a storm in Europe, inspiring many young men to sign up for missionary work.

> Multitudes out here fail to become Christians only because there is nobody prepared for the holy task of instructing them. I have often felt strongly moved to descend on the universities of Europe, especially Paris and its Sorbonne, and to cry aloud like a madman to those who have more learning than good will to employ it advantageously, telling them how many souls miss Heaven and fall into Hell through their negligence! I fear many university men pursue their studies and conform to regulations purely in order to attain to dignities, benefices, bishoprics, which gained, they say, it will be time enough to serve God. ... What multitudes of gentiles would become Christians if only there were priests to help them! ... Out here, people flock into the Church in such numbers that my arms are often almost paralyzed with baptizing, and my voice gives out completely through

[10] *Ibid*, 312.
[11] *Ibid*, 361.

repeating endlessly in their tongue the Creed, the commandments, and the prayers.[12]

Xavier's love for those he was evangelizing could provoke a stern reproof from him toward the Portuguese who maltreated them and gave a poor example of the Christian Faith. He regularly chided government officials who turned their eyes from illegal and unjust practices for the sake of personal gain. Six years into his mission he wrote a letter to King John of Portugal, who was interested in the spread of the Faith and had originally sought Jesuits for the Indian mission. Xavier was angry about the depredations of his appointed governors:

> Should he [the governor in question] neglect to carry out your Highness's intentions of greatly promoting the growth of our holy Faith, assure him that you are determined to punish him and tell him with a solemn oath that, when he returns to Portugal, you will declare all his property forfeit, and besides put him in irons for several years. ... If the Governor is brought to understand that you certainly mean what you say, the whole island of Ceylon will be Christian in a year, and so also will be many kings, as those of Malabar, Cape Comorin, and several other places.[13]

But if not, "your Highness need not count on any increase of our holy Faith nor on the perseverance of those at present Christians, no matter how many appointments and dispositions you make."[14] A bold letter to send to a king.

Xavier's love for his people was more than repaid in their love for him. His engaging personality and his tireless service won their hearts and drew them to him. Whenever he was about

[12] *Ibid*, 157–8.
[13] *Ibid*, 306–7.
[14] *Ibid*.

to leave one of the missions, the people would gather around him and beg him to stay. Xavier wrote of one such experience, "When the time came to leave, I embarked about midnight so as to avoid the weeping and mourning of my devoted friends, men and women. But my friends found me out and I could not hide from them. The night and the parting from these my spiritual sons and daughters helped me to feel my unworthiness."[15] A Japanese man who had first sought Xavier out about the possibility of coming to his people said of him: "I would lay down my life a hundred times for the love I bear him."[16]

Xavier's Last Journey

Xavier had been in the Indian mission for ten years, and away from Rome for twelve, when Ignatius, his friend and superior, thought the time had come for him to return to Europe. No doubt Ignatius would delight in seeing him again, but more to the point was his conviction that Xavier could do more than anyone else to speak to European authorities about the needs and possibilities of the overseas missions. He therefore sent him the directive: "Looking always to the greater service of God and the help of souls in those parts and considering how much their good depends on Portugal, I have determined to order you in virtue of holy obedience to take the first opportunity of a good passage to Portugal, in the name of Christ our Lord."[17] But by the time the letter arrived in Goa, Francis had been dead for seven months.

During his time in Japan, Xavier had heard about China. He knew nothing of its language and little of its customs; but

[15] *Ibid,* 283.
[16] *Ibid*, 312.
[17] *Ibid*, 464.

he knew that it was a large and civilized country, ruled by law, and highly respected by the Japanese. With that little bit of knowledge, but with a great desire to spread the Gospel, he set out to conquer the Middle Kingdom for Christ. "I am in great hope," he wrote to Ignatius, "that by the labors of the Society of Jesus both Chinese and Japanese will abandon their idolatries and adore God and Jesus Christ."[18] He took four men with him. The prospects of their getting into China were not high, but Xavier was not easily daunted. They made their long way from Goa to the island of Shangchuan, not far from Canton. There they waited, Xavier looking out day after day upon the sea for the merchant vessel that would take them across to the mainland. The promised ship never came, and Xavier took ill. After a few weeks of sickness, the seemingly unstoppable dynamo of missionary energy died a quiet death, calling on the names of Jesus and Mary.

There might seem something akin to the hopeless exploits of Cervantes's Don Quixote in Xavier's attempt to master the Chinese Empire in such a fashion. But his unlikely missionary initiative toward that great civilization can better be read in the realm of the Spirit than by its immediate practical possibilities. The Jesuit who did eventually found a Chinese mission, Matteo Ricci, noted Xavier's achievement: "All the Blessed Father's stratagems for entering China fell to the ground, but we may well believe that if he could not obtain from God the privilege for himself, he obtained it in Heaven for us his companions who, against all human hope, succeeded when he was thirty years dead."[19]

Xavier's remains slowly made their way back to Goa. When his body finally reached the city, there was a spontaneous

[18] *Ibid*, 492.
[19] *Ibid*, 520.

upsurge of emotion. Bells rang, thousands of people gathered, and the whole city was stirred to its depths. For four days crowds thronged into the church where the great missionary lay, for the chance to touch or kiss the body, which, though almost a year dead, was un-decayed and fresh. A year and a half later, the body was exhumed and attested by an attending physician to be both un-embalmed and still preserved. A century and a half later the shrine was opened yet again, and the body was found still to be in a remarkable state of preservation. Like his body, Xavier's memory has remained fresh. And though he was never able to return to Rome, his right hand and forearm, the one with which he performed so many baptisms, was brought back to the Church of the Gesù, where it lies in close proximity to Loyola's remains. There is a fittingness in this final union of the two friends. Ignatius had kneaded more of his own missionary spirit into that lumpy dough of Francis Xavier than into any other, and Xavier had carried that spirit with him, united to his own indomitable will and deep faith, even to the ends of the earth.

Chapter Three

St. Teresa of Ávila

"Solo Dios basta."

Wherever the Kingdom of God is preached and lived, there will be some among the faithful called to a life of consecrated contemplation. The scriptural figures of Elijah and John the Baptist in the desert, Simeon and Anna praying in the Temple of Jerusalem, and Mary the sister of Martha and Lazarus sitting at the feet of Christ have resonated down the centuries as examples of an essential expression of Christian discipleship. "We look not to the things that are seen," wrote St. Paul, "but to the things that are unseen; for the things that are seen are transient, but the things that are unseen are eternal" (2 Cor 4:18). According to the vision of reality given by Christ, the whole of the seen world is a kind of outward clothing that rests upon invisible realities, and the real business of life is to use the seen things to approach the more important and lasting unseen world. This being so, it makes sense that Jesus would defend Mary from the complaints of her sister Martha and insist that in setting her gaze upon him, Mary had chosen "the good portion," the one thing necessary (cf. Lk 10:41).

Through the long centuries of Christianity, from the explosion of the monastic movement in fourth-century Egypt to the crystallization of the contemplative spirit in religious communities of many places and times, contemplative men and women have played a role of importance in the Church's life out of all proportion to their numbers. They have been a kind of spiritual heart, a vital organ of Christ's Body that has held the whole Christian people in proper relation to eternal realities. Through their intercessory prayer, their battling with demonic forces, their lifting a constant song of praise to Heaven, their keeping a vision of the invisible world clear and present, and their incarnating in time the Christian hope of eternity, the often hidden lives of contemplatives have gained for the Church much of her spiritual potency. As the contemplative goes, so goes the Church as a whole. It is therefore not surprising to find that a great deal of spiritual conflict swirls around these congregations.

The attack on contemplative life comes from two main directions. The first of these is a frontal assault on the very idea of a life given entirely to prayer and solitude. Because the contemplative life makes no sense whatever apart from the existence of an invisible world, it is a standing challenge to worldliness. For the person with no faith, it can hardly seem anything but mentally imbalanced to spend all of one's time on what are considered only phantoms. Contemplatives have been called antisocial, drawing off otherwise useful members of the society into idleness and self-absorption, breaking up families, and walling up healthy young men and women in a fruitless existence. At the very least they have been thought foolish, wasting their time on unimportant matters while the great world passes them by. It was not for nothing that the French revolutionary armies destroyed every monastery they could find or that Napoleon forcibly dissolved any religious order that could not demonstrate its immediate social utility. For those who were aggressively pursuing a vision of the world that began and ended with what was seen, it was necessary to destroy the cultural and spiritual influence of those monuments to the unseen world. But even for believers, Mary's "good portion" can present a problem. Contemplatives have been accused by other Christians of cowardice in attempting to escape the hard realities of the world and have been berated for laziness in shirking Christian responsibilities of evangelizing and serving the needy. Jesus's defense of Mary has been a needed corrective in every age.

A second attack on contemplative life comes in a subtler form and arises from a happier and more natural, but not less debilitating, process. An old saying has it that the contemplative leaves the world, and then the world seeks out the contemplative. Again and again the pattern has repeated itself: an individual or a group of men or women have left normal society and have pursued solitude and poverty to follow the contemplative vocation. Like Anthony, they have penetrated the inhospitable desert or, like Benedict, have sought out lonely mountain caves. They have gone deep into the dark and untamed forests like Bruno and Bernard or, more strangely, have settled themselves on platforms high in the midst of the city like Simeon Stylites.

But wherever they have gone, however much they have attempted to flee the world, the world has followed them. Much to their surprise, contemplatives have regularly found themselves important members of their societies, surrounded by the trappings of usefulness and even of power and wealth. St. Benedict has been called the father of European civilization and not without good reason; but founding or saving a civilization was nowhere on the list of his intended achievements. It all seems to happen innocently enough, even by a kind of accident: the innate strength of a life focused on the worship of God and the mastery of the self spills over into all manner of social benefits.

But this integration of the contemplative into normal social life brings with it a creeping worldliness. The great danger for a house of contemplation is not that it will become a den of iniquity; despite the fog of the Black Legend, few monasteries or convents in history have been places of obvious evil. When contemplative life gets corrupted, monks and nuns do not typically become criminals. Their problem, one that is often more difficult to address, is that they grow comfortable. Rather than maintaining their true nature as outposts of vigilant prayer, frontline fortresses against the powers of darkness, strongholds of solitude preserving the fundamentally otherworldly nature of the Church by their worship and their witness, they lapse into pleasant lodgings for the spiritually inclined to enjoy a life of relative ease.

In 1662, in the city of Ávila in Spain, a handful of nuns of the Carmelite order began a new foundation under the protection of St. Joseph. Their prioress was the forty-seven-year-old Teresa Sánchez de Cepeda y Ahumada. The founding would prove to be a significant event in the reform of the Church's contemplative life and therefore of great importance for the life of the Church as a whole. And in the character and writings of Teresa of Ávila, the Church was given a remarkable personality and a source of spiritual vitality that has reached far beyond the world of Carmel.

Teresa is a highly attractive figure. She has been one of Spain's favorite saints. It says something of her popularity that she has been proposed as patron of her country, which would mean displacing the great Santiago, the Apostle James. Her autobiography has been the most widely read book in Spain after Cervantes's *Don Quixote*. Her works on prayer are spiritual classics, and in 1970 she was declared by Pope Paul VI a Doctor of the Church, the first woman ever to have been given that honor. But if she has been attractive to moderns, she has also been difficult to understand. An age that has lost sympathy with its ancestors and that has little understanding of traditional faith can find in Teresa a bundle of contradictions. She is such an irrepressible personality, so full of warmth and honesty, and so obviously strong and courageous, that we want her to be one of us. But how could such a talented woman have desired to shut herself up in a convent? How could such a strong-minded individual have lived so willingly under the authority of the Church and of the crown in an age when the Spanish Inquisition was at its most active? So we find ways to adjust the seeming paradox. She was an irreverent proto-feminist; she was a politically clever operator who knew how to feign obedience in order to make her way in an authoritarian world; and perhaps most persistently, she was able, despite her Catholic faith and her profession as a Carmelite nun, to be "her own person." But the glory of St. Teresa is precisely that she expended all of her energies of mind and will to make sure that she was not her own person. With all the considerable force of her being, she wanted to belong to another. She is a shining example of the truth taught by Christ that we find perfect freedom in perfect obedience, that we grow larger when we make ourselves smaller, and that we most find ourselves in all the particularities of our personalities exactly when we most lose ourselves in God.

Teresa's Early Life and Conversion

Teresa was born in 1515 in the Ávila region of Spain, the sixth of twelve children. Her father was a wealthy merchant who had bought a knighthood. Her mother was from a family of high Spanish nobility. Her grandfather on her father's side was Jewish and had been degraded as a *converso*, one who had become Catholic but who had been found by the Inquisition to be continuing some aspect of Jewish practice or belief. But this taint in the family's noble lineage had been hushed up and forgotten. The home in which Teresa grew up was comfortable and devout. From a young age it was clear that Teresa had strong gifts of personality. She was outgoing and attractive, and she knew how to please those around her. She was a natural leader among her friends and her siblings.

The first serious shock in Teresa's life came in her fourteenth year when her mother, to whom she was deeply attached, died. Two years later she was sent to a convent school, but it was not long before the ill health that would dog her throughout her life forced her to return home. At the age of twenty, she slipped away without telling her father and joined the Carmelite Convent of the Incarnation, a well-established house in Ávila with some 150 nuns in residence. Her decision to enter religious life was sincere but not particularly passionate. It seemed to be something of a marriage of convenience. She had no doubt about the truths of the Catholic Faith, and she wanted to gain salvation. She thought that entrance into a convent was the safest way to gain that end. In this she was similar to many of her contemporaries in religious communities.

Teresa begins her autobiography with the following injunction to the reader:

I beg anyone who reads this account to bear in mind, for the love
of the Lord, how wicked my life has been—so wicked, indeed, that
among all the Saints who have turned to God I can find none whose
history affords me any comfort. For I see that, once the Lord called
them, they never fell back into sin. I, however, not only fell back
and became worse, but seem deliberately to have sought ways of
resisting the favors which His Majesty granted me.[1]

These strong words, repeated in different ways throughout
Teresa's account, might seem to point to a past that had been
filled with the worst sort of iniquity. But there was never a
time in Teresa's life, from her girlhood on, when she was not
a believing Christian, saying her prayers, avoiding serious
sin, and living under the shadow of the Church's teachings.
She was not a Magdalene, an Augustine, or an Ignatius—
someone who came to faith after wandering far from God.
Yet when she writes this way she is not merely affecting a
pose or tossing off pious phrases; the evident honesty of her
self-assessment rules out that possibility. What could she
have meant by accusing herself of such wickedness?

Some have seen in Teresa's self-condemnation the expression of a wounded spirit that had been crushed by the
overly strict demands of a disciplinarian father and further
oppressed by her experience as a woman and as a person
with Jewish blood in sixteenth-century Spain. To put it in
modern therapeutic terms, she denigrated herself because
she was someone with low self-esteem who saw herself in an
inaccurately negative light. The difficulty with this reading is
that there is virtually nothing in Teresa's manner of going
through life that showed this kind of wound. She had all the

---

[1] Teresa of Ávila, *The Life of St. Teresa of Ávila*, J. M. Cohen, trans. (London:
Penguin Books, 1957), 21.

confidence and self-assurance of her Spanish noble upbringing, an attitude of bold decisiveness that was often described as masculine, combined with a commonsensical insight into others that allowed her to view the world with an ironically humorous lens. She had a generous measure of courage and resilience in all her dealings with the world. Her sense of her own wickedness was not in any observable way a psychological symptom. Its source was elsewhere.

Teresa is not alone in this saintly habit of self-condemnation. It is also notably present in Francis of Assisi and Philip Neri, two of the most joyful personalities known to history. Paradoxically, their joy in life and their dismay at their own darkness come from the same source: a profound insertion into the being of God. Those who are closest to God see most clearly his love and mercy; they also see more clearly than others the horror of a will that turns from him. So with Teresa—the sins she saw in herself were not the stuff of tabloids. But where great light is given and great love is present, even a seemingly small offense becomes a serious matter.

In any case, as Teresa lays out her inner life, she notes that soon after her entry into the convent, during a protracted period of grave illness, she was given the grace of prayer and union with God, but she then turned from that grace and for many years avoided praying. During this time she lived outwardly as a model Carmelite according to the customs of the day—she was faithful to the communal prayers and lived an ordered life—but she was not regularly practicing meditative, or mental, prayer. As a result, she began to lose pleasure in the life of virtue. "I was vain," she writes, "and knew how to get credit for those qualities usually esteemed in the world."[2] Because she did many things that gave the appearance of virtue, she was given a wide latitude in receiving visitors and in leaving the house to make visits to others. "Though my follies were sometimes crystal clear, they [the sisters] would not believe them since they always thought much of me."[3] She described the general tenor of her life as outwardly respectable but inwardly miserable:

> I spent nearly twenty years on this stormy sea, falling and evermore rising again, but to little purpose as afterwards I would fall once more. My life was so far from perfection that I took hardly any notice of venial sins, and, though I feared mortal sins, I was not sufficiently afraid to keep myself out of temptations. I derived no joy from God and no pleasure from the world.[4]

She called her experience "one of the most painful ways of life that can be imagined."[5] A convent may be a place of refuge from external distractions and battles, but that outward protection only brings the inner battles of the soul more clearly into focus. Those interior struggles, when honestly faced, can be the most difficult to manage. And Teresa was nothing if not honest.

But through this period of misery, God was preparing something extraordinary for her. At a certain point her desire for meditative prayer began to grow again, and she experienced a new grace and ease in its practice. The turning point came when she happened upon a statue of Christ in agony that had been brought into the convent for the celebration of a festival. Touched by the grace of God, she saw the sufferings

[2] *Ibid*, 42.
[3] *Ibid*, 51.
[4] *Ibid*, 56.
[5] *Ibid*, 61.

of Christ in a new light and was overcome by remorse for the weakness of her response. She was transfixed, and she stayed before the statue weeping until she was sure that her prayers for a deeper life in Christ had been answered. She was given the grace to make the final offering of herself, to hold nothing back, to become, as she would later say, a servant of love. She often called this experience her second, and deeper, conversion. The change is noted dramatically in her autobiography:

> From now onwards this is a new book—I mean another and new life. Up to now the life I described was my own. But the life I have been living since I began to expound these methods of prayer is one which God has been living in me—or so it has seemed to me.[6]

Teresa's "second conversion" took place in her fortieth year, in 1555. She was greatly helped along the way by the reforming Franciscan friar Peter of Alcántara and by the Jesuits who had recently been established in Spain, notably Francis Borgia, who was for a time her confessor. During the next five years, she experienced a spiritual revolution. She lost interest in the social visits that she had earlier found so attractive and plunged ever more deeply into prayer. She received many graces of contemplation in the form of visions and locutions and often was drawn into the quiet prayer of union with God. It was during this time that she had the experience, famously captured by Bernini's sculpture at the Church of Maria della Vittoria in Rome, of being painfully pierced by the love of God. She writes:

> Beside me, on the left hand, appeared an angel in bodily form. He was not tall, but short, and very beautiful. In his hands I saw a great golden spear, and at the iron tip there appeared to be a point of fire.

[6] *Ibid*, 162.

This he plunged into my heart several times so that it penetrated to my entrails. When he pulled it out, I felt that he took them with it, and left me utterly consumed by the great love of God. The pain was so severe that it made me utter several moans. The sweetness caused by this intense pain is so extreme that one cannot possibly wish it to cease, nor is one's soul then content with anything but God. This is not a physical, but a spiritual pain. ... So gentle is this wooing which takes place between God and the soul.[7]

During this five-year period, Teresa was schooled in the ways of contemplative prayer that would form the content of her books of spiritual teaching.

Teresa's immersion in the life of God brought her face to face with a Christian paradox that has pervaded the lives of many of the saints. Jesus said to his disciples, "You shall love the Lord your God with all your heart, and with all your soul, and with all your mind, and with all your strength" (Mk 12:30). He also said, "I will warn you whom to fear: fear him who, after he has killed, has power to cast into hell; yes, I tell you, fear him!" (Lk 12:5). For many, love and fear are mutually exclusive dispositions. We think that we cannot love what we fear and that we do not fear what we love. In Teresa, her deeper conversion meant the integration of her response to the presence of God at a higher level. She experienced both her love and her fear of God growing apace with each other.

As to love of God: Teresa's warm heart constantly overflowed with expressions of her delight at the love and mercy of her Beloved.

O my God, how infinitely good you are! O joy of the angels, when I think of it, I long to dissolve in love for you! How true it is that you suffer those who will not suffer you to be with them! What a good

[7] *Ibid*, 210.

friend you are, O my Lord, to comfort and endure them, and wait
for them to rise to your condition, and yet in the meantime to be
patient of the state they are in! You take into account, O Lord, the
times they loved you, and for one moment of penitence you forget
all their offences against you.[8]

The whole of Teresa's life was an extended act of love offered
to the God who meant everything to her.

As to fear of God: Teresa recorded a vision she received
in which she was shown the place the devil had prepared for
her in Hell. It was deeply troubling to her: "I was terrified,
and though this happened six years ago, I am still terrified as
I write; even as I sit here my natural heat seems to be drained
away by fear." Yet she understood this horrific experience to
be motivated by, and to give depth to, her love. "This vision
was one of the greatest mercies that the Lord had bestowed
on me. It has benefited me very much, both by freeing me
from fear of the tribulations and oppositions of this life, and
by giving me the strength, while bearing them, to give thanks
to the Lord, who, as I now believe, has delivered me from
these continuous and terrible torments."[9]

Teresa's Missionary Foundations

The origins of the Carmelite order are lost in a haze of
uncertain history and golden legend. Early traditions within
the order held that it was begun by the prophet Elijah. By
all accounts, the Blessed Mother had a decisive hand in the
inspiration of its founding; the official name of the male
order is "the Order of the Brothers of the Blessed Virgin
Mary of Mount Carmel." The site of Mount Carmel in Israel

---

[8] *Ibid*, 63.
[9] *Ibid*, 234.

seems traditionally to have been a favored place for hermits. In 1185, a group of monks were found to be living there, and they were given a rule by the Latin patriarch of the crusader kingdom Jerusalem. This event marks the official beginning of the Carmelites as a Catholic order. Increasing danger from Saracens and tension between the eastern and western Churches motivated the order to relocate to Europe around 1242. In 1245, under the patronage of Pope Innocent IV, they adopted a rule more suited to European conditions. No longer classified as monks, they took their place alongside the three existing mendicant orders (Franciscans, Dominicans, and Augustinians), which meant, among other provisions, that they were not required to work, but could subsist on alms. Like the other mendicant orders, the Carmelites grew rapidly and spread throughout Europe. Then in 1432, in what came to be a point of contention, Pope Eugenius IV allowed the order a different rule that relaxed much of their earlier austerity. This new set of constitutions came to be called the mitigated rule. The Convent of the Incarnation in Ávila that Teresa joined was conducted under the discipline of this rule.

Teresa's deeper conversion sparked in her a growing desire to live under a stricter rule of life, one that included more time for contemplation, more asceticism and penitential exercises, and greater seclusion from the world. She longed for the earlier expression of the Carmelite charism, and she came to think that the order needed to be reformed in a stricter direction. Her desire was fueled by a vision she received of St. Joseph, encouraging her to found a new house. In 1562, her hopes were realized with the establishment of the Convent of St. Joseph in Ávila. Teresa wrote the constitutions for the new house, basing them on the earlier Carmelite rule. She made habits out of coarse material for the four sisters who joined her in the undertaking. The new reform came to be called the Discalced (barefoot) Carmelites; and though the sisters seldom went without shoes, they took for themselves the rough peasant sandal typical of the time as a sign of their chosen poverty. Teresa originally proposed to limit the number of nuns to twelve to keep the convent from becoming too comfortable or powerful. She wrote of the new foundation, "Their joy was in being alone, and they assured me they were never long enough alone; and so they looked on it as a torment whenever anyone came to see them, even though it were a brother. She who had the most opportunities of being alone in a hermitage considered herself the happiest."[10]

The new Convent of St. Joseph was a modest enough venture. But it set off a storm of struggle and controversy in Ávila so great that the priest serving as chaplain said that it was as though the city had been attacked simultaneously by fire, plague, and an invading army. "I was astonished," wrote Teresa, "at all the trouble the devil was taking about a few poor women, and at the universal belief that a mere dozen sisters and a Prioress would do such harm to the town while living so strictly."[11] We might ask, why all this tumult? Why such harsh opposition to what was a praiseworthy initiative, or at least a harmless one? To understand the sharp antagonism to Teresa and her reform is to open a window on a different kind of society, one that took spiritual matters very seriously, believing them to have profound practical implications. The Spain of Teresa's day had a hundred thousand men and

[10] Teresa of Ávila, *The Book of the Foundations of St. Teresa of Jesus* (London: Aeterna Press, 2015), 54.
[11] Teresa of Ávila, *Autobiography*, 272.

women in religious orders. Those religious communities were at the center of Spanish life, and a significant development among them was felt at all levels of the society, from the king to the peasantry.

The opposition to Teresa's new foundation came from various quarters and for different reasons. First, there was an implied critique of existing Carmelite life in the very notion of a needed reform. Many among the Carmelites were resentful at this accusatory finger. "I was very unpopular throughout the convent for wanting to found a more strictly enclosed house," Teresa wrote. "The nuns said that this was an insult to them; that I could serve God just as well where I was, since there were others there better than myself; that I had no love for my own house, and that I should have been better employed raising money for it than for founding another. Some said that I ought to be put in the prison-cell."[12] A second set of concerns came from certain theologians of the Inquisition. Teresa was known to have been the recipient of mystical graces, and those responsible for the discipline of the Church were concerned at the potentially explosive ramifications of visionary experiences. The Protestant Reformation had roiled through western Christendom and had torn many European states apart, often at the hands of prophetic claims to special revelation. There were also "illuminati" in Spain who were claiming that their mystical connection with God did away with their need for a Church or for the sacramental life. At such a time, it was understandable, if not commendable, to find Church authorities overly careful about mystical movements, thinking that it was better to be safe even at the risk of quashing genuine inspiration. This risk-averse attitude meant

[12] *Ibid*, 242.

that for many in authority, any claim to mystical experience was immediately under suspicion. Yet a third set of concerns came from Teresa's insistence that the new foundation was not to be endowed, lest the sisters be unable to practice true poverty. The bishop of Ávila and many of the townspeople were opposed to the establishment of yet another religious house that would need to be supported by the alms of the residents of the city; and other religious orders whose livelihood came from collecting alms were not pleased at the appearance of a competitor for possible funds.

Nonetheless, despite formidable opposition, the house was established, thanks to Teresa's combination of fervent faith, winning personality, and ability to manage practical affairs. With the founding of St. Joseph's Convent, Teresa took the name Teresa of Jesus; she was now close to fifty years old, and she thought that she had found a place of prayer and seclusion where she might live out the rest of her days in relative peace. "As I am now out of the world," she wrote toward the end of her autobiography, "and in a small and saintly society, I look down on things as from a height and care very little what people say or know about me. It seems that the Lord has at last been pleased to bring me to a haven, which I trust in His Majesty will be secure."[13] But it was not to be.

Four years after the founding of the new convent, the general of the Carmelites paid an unprecedented visit to Spain and arrived in the city of Ávila. Teresa was afraid that the general might take offense at the new Discalced convent since it had been founded under the protection of the local bishop rather than under Carmelite authority. She met with him

[13] *Ibid*, 313.

and opened her heart concerning her hopes for a reformed Carmelite house, recounting the ways the convent had been blessed since its opening. The general, who was himself concerned for reform, was deeply moved by what he saw, and not only did he approve the foundation, but he encouraged her to make as many more foundations as she could. Pius V had come to the papal office the year before, and a new wind of reform was blowing through the Church. Thus began for Teresa a fifteen-year period of intense activity, ending only with her death, during which time she founded sixteen more convents of the Discalced Carmelites in locations all over Spain and supported the founding of as many houses of friars. She was helped in this project by, among others, St. John of the Cross, whom she had won as a young priest to the cause of Carmelite reform. There would be many battles to face; the Discalced Carmelites would have a stormy time before they were finally given status as a congregation in their own right. But that first foundation of St. Joseph's, begun with a few sisters, was the spiritual wedge that broke open the field for a fertile harvest.

Nothing shows Teresa's ability to lead others and to manage practical affairs better than her term as prioress of her own Convent of the Incarnation in Ávila. This was the house where she had lived for more than twenty years before leaving it to establish the Convent of St. Joseph under the reformed rule. Now ten years had passed, and Teresa's reform was growing: between 1567 and 1571 she had established eight new Discalced convents and was busily looking after them. The Carmelite provincial, no friend to the reform, wanted to curtail Teresa's activity; he was also concerned at the growing laxity and administrative chaos at Ávila's large convent. So he decided to take care of both matters at once

by appointing Teresa as the new prioress. Teresa characteristically obeyed, leaving the future of the reform in God's
hands. The effect in Ávila of Teresa's appointment was cat-
aclysmic. It had always been the custom for members of the
convent to elect their own superior. To have one thrust upon
them in this manner was hard enough, but to have that one
be the same Teresa who had thrown the convent and the city
into such turmoil ten years previously was not to be borne.
As Teresa walked in solemn procession with the provincial
to take up her new duties, she was harassed and insulted by
the townspeople. When the procession arrived at the convent, they found it barricaded against them. After forcing
his way in, the provincial installed Teresa amid screams and
shouts from the outraged nuns. A less propitious beginning
to a term of office could hardly be imagined.

Yet Teresa's three-year term was a distinct success. Her
first act in gathering the mutinous sisters together was
to place a statue of the Blessed Mother in the chair of the
prioress, so as to make clear who was the true head of the
house. She told the sisters that she understood their position
and that she would not force upon them the more rigorous
practices of the reform. She brought order to the house's
finances, which meant that for the first time in many months
the sisters had enough to eat. She engaged John of the Cross
as spiritual director, a ministry for which he had a great
talent. She was firm and demanding but fair and humble in
the exercise of her office. She would be the first to take up the
most menial of practical duties, and if she thought she had
done something wrong in her care of her sisters, she would
prostrate herself before them and ask their forgiveness. In
1574, her term of office ended. Three years later, the Discalced

reform came under renewed attack, and as a result Teresa was prohibited for a time from founding new houses and was once more confined by her authorities to the Convent of the Incarnation. Those authorities wanted to make Teresa more or less disappear, but now a remarkable scene ensued. The office of prioress came open, and the same nuns who a few years previously had been so outraged at having Teresa forced upon them now wanted her back as prioress. The majority voted for her, even in the face of being excommunicated by the representative of the Carmelite order. Such was the love and admiration she had won from her sisters in the teeth of their earlier resistance.

Teresa was remarkable among mystics in her ability to live a profound contemplative life even in the midst of busy outward activity. This quality was evident throughout her life, but it was especially noteworthy in the time and circumstances of the writing of the spiritual classic, *Las Moradas,* or in English, *The Interior Castle.* Under the obedience of her superiors, Teresa wrote the work in 1577, just at the time when the Discalced reform was under grave attack and its continued existence was in peril. As the initiator of the reform, Teresa was squarely in the midst of that battle, writing letters to all parties, keeping in touch with her many foundations, and handling the awkward fallout of being elected prioress of the Incarnation against the wishes of the provincial. The actual writing of the book was accomplished in two, fourteen-day periods, during which she wrote in the early morning and late evening, taking up the business of the day during the hours in between. Yet there is no sign in her writing of those external battles and the many anxieties they brought with them. Her sisters remembered Teresa often being rapt in contemplation as she took up her pen. One of them later wrote: "Once, while she was composing the work, I entered to deliver a message, and found her so absorbed that she did not notice me; her face seemed quite illuminated and most beautiful. After having listened to me she said: 'Sit down, my child, and let me write what our Lord has told me ere I forget it,' and she went on writing with great rapidity and without stopping."[14]

The Discalced reform weathered that storm, and Teresa, now a woman of sixty-five and wracked with many illnesses, was back on the road. Despite opposition, the reform was gaining support, and there were many requests for new foundations. Teresa herself was increasingly thought of as a saint, a development that made her acutely uncomfortable. Every new foundation meant strenuous travel in all kinds of weather, a mountain of difficult administrative work, and tiresome attention to the lawsuits and false rumors inevitably initiated by the reform's opponents. The tale of that relentless reforming activity can be found in Teresa's book of *Foundations*. In the midst her many labors, Teresa's inner spirit remained in close union with God. "In some respects my soul is not really subject to the miseries of the world as it used to be," she wrote at this time. "It suffers more but it feels as if the sufferings were wounding only its garments; it does not itself lose its peace."[15] As she felt her final illness coming on in the midst of her labors, she longed once more to be at her home convent in Ávila. But death overtook her before she could return.

---

[14] Teresa of Ávila, *The Interior Castle*, The Benedictines of Stanbrook, trans.(London: Thomas Baker, 1921), 5.
[15] Shirley du Boulay, *Teresa of Ávila: An Extraordinary Life* (Katonah: Bluebridge, 1991), 245.

There might seem something incongruous in the overall shape of Teresa of Ávila's life: an eager contemplative, and yet embroiled in the affairs of the world; a person who longed for seclusion, yet who traveled constantly to all parts of Spain; an austere nun who turned her back on the things of time and sense and yet possessed to the end a spontaneous delight in friends and in the beauty of the natural world. But this combination of qualities is only incongruous if the Christian contemplative ideal is not fully understood. Teresa, like all true contemplatives, was not strictly running away from the world; rather, she was running into the arms of the world's Creator and center, God himself. In giving herself to the highest of loves, she received all things in return. She did not learn to despise loves of a lower kind; she only insisted that they be rightly ordered.

Along with her prose writings, Teresa left behind many poems. The best remembered among them was found in her breviary after she died, a testimony to her inner life of union and calm amid the distraction and trouble of a fallen but graced world.

> *Nada te turbe,*
> *Nada te espante,*
> *Todo se pasa,*
> *Dios no se muda.*
> *La paciencia*
> *Todo lo alcanza;*
> *Quien a Dios tiene*
> *Nada le falta;*
> *Solo Dios basta.*

Let nothing disturb you,
Let nothing frighten you,
All things are passing:
God never changes.
Patience gains all things.
He who has God lacks nothing;
God alone is enough.

Chapter Four

St. John of the Cross

"Where there is no love, put love and you will get back love."

> *On a night of darkness,*
> *In love's anxiety of longing kindled,*
> *O blessed chance!*
> *I left by none beheld,*
> *My house in sleep and silence stilled...*
>
> *By dark of blessed night,*
> *In secrecy, for no one saw me*
> *And I regarded nothing,*
> *My only light and guide*
> *The one that in my heart was burning...*
>
> *O night, you were the guide!*
> *O night more desirable than dawn!*
> *O dark of night you joined*
> *Beloved with belov'd one,*
> *Belov'd one in Beloved now transformed![1]*

The Renaissance of the fifteenth and sixteenth centuries was a time of a growing and increasingly exhilarating exploration of the individual human personality. Even as Europeans were

---

[1] The poetry in this chapter is translated by Lynda Nicholson in Gerald Brennan, *St. John of the Cross, His Life and Poetry* (Cambridge: Cambridge University Press, 1973), 145.

discovering new continents and setting themselves to master them, so they were discovering that darkest and most mysterious of all continents, the human soul, and with the same intrepid attitude of the conquistador, they were determined to map out and master that new terrain. This Renaissance turn to the interior, when exaggerated or uninformed by grace, could result either in abandoning the formal aspects of Christianity entirely, as happened among the more radical Protestant reformers, or in a self-absorbed introspective gaze, as with the sceptic French essayist Michel de Montaigne. For Catholic reformers who sought continuity with the great tradition, there was no interest in overthrowing the forms of Church life—the Sacraments, rites, and hierarchy—but there was a growing desire for an inner encounter with Christ that would correspond to those forms and deepen the life of faith. Much of the zeal of the Catholic Reformation was rooted in a renewed cultivation of the interior life. The Spiritual Exercises of Ignatius were a noteworthy expression of this development. In Teresa of Ávila and John of the Cross, the inner ascent to God reached extraordinary heights.

The stanzas at the head of the chapter are from John of the Cross's poem "The Dark Night." Despite the slim number of his poems, John of the Cross has been granted a place in the first rank of Spanish poets, both for the quality and the variety of his work. Yet what is most remarkable about this poem is not the skill of its writer, but the circumstances under which it was written. John penned this lyrical love song to God just after escaping from a kind of living hell—imprisoned, betrayed, tortured, ignorant of the future, seemingly forgotten and abandoned. What emerges from John's life and teaching is a truth worth pondering: that it was not in spite of, but rather because of, his horrific circumstances that John was so taken by the love of God. In his poetry, in his prose writings, and preeminently in the shape of his life, John points to the mystery of the redemptive nature of the Crucifixion. He was intensely a man of the Cross; and because of that he was an ardent lover and an effective reformer.

The theme of suffering with Christ for the sake of humanity runs like a silken thread through the lives and teaching of all the saints of the Catholic Reformation. From her first conversion to the end of her life, Catherine of Genoa's consuming desire was to unite herself to Christ's sufferings in order to bring goodness to the world. Thomas More was brought to prison and death for his adherence to the Faith, a development that was of a piece with the rest of his life. He once said to his children: "We may not look at our pleasure to go to Heaven in featherbeds; it is not the way, for our Lord Himself went thither with great pain, and by many tribulations, which was the path wherein He walked thither, and the servant may not look to be in better case than his Master."[2] Ignatius Loyola embraced the same attitude: "If God causes you to suffer much, it is a sign that He has great designs for you, and that He certainly intends to make you a saint. And if you wish to become a great saint, entreat Him yourself to give you much opportunity for suffering; for there is no wood better to kindle the fire of holy love than the cross, which Christ used for His own great sacrifice of boundless charity." Ignatius's great disciple Francis Xavier was constantly on the lookout for ways to suffer for Christ. Once on a sea voyage from Malacca to India, his ship was caught in a terrific monsoon, the worst he had ever seen, and all aboard

---

[2] Roper, *Life of Sir Thomas More*, Pt. 1.

thought the ship was going down. Amid the fear and fury of the storm, Xavier's eyes were on the way his suffering might be a gain for the Kingdom. He later wrote, "I begged our Lord during the storm that, if I came out of it alive, it might only be to endure others as bad or worse for His greater service."[3] The joyful Philip Neri was of the same school: "The greatness of our love for God must be tested by the desire we have of suffering for his love....Nothing more glorious can happen to a Christian, than to suffer for Christ. There is no surer or clearer proof of the love of God than adversity."[4] St. Anthony Mary Claret never complained about the numerous trials he endured, including fourteen attempts on his life; he thought it a necessary part of God's saving action. He once wrote: "Christian perfection consists in three things: praying heroically, working heroically, and suffering heroically." Teresa of Ávila, full of interest in all aspects of life as she was, once wrote to her sisters: "I want to make clear to you in what God's will consists. Think not that it is to give you pleasures, riches....He loves you too well to give you these things. Consider what the Father gave Him whom He loved above all—suffering, the Cross— and you will understand what His will is. So long as we are in this world, these are His gifts. He gives them to us according to the love he bears us."[5] As with these other saints, so with John of the Cross. One of his "Maxims of Love" goes, "Love consists not in feeling great things but in having great detachment and in suffering for the Beloved."[6]

[3] Brodrick, *St. Francis Xavier*, 302.

[4] Pietro Bacci, *The Life of St. Philip Neri*, F.W. Faber, trans. (London: Richardson, 1847), 308.

[5] Teresa of Avila, *The Way of Perfection*, Ch. 32.

[6] *The Collected Works of John of the Cross*, Kieran Kavanaugh and Otilio Rodriguez, trans. (Washington: ICS Publications, 1979), 676.

John's Early Life

John de Yepes y Álvarez (to give him his original name) seemed marked out for suffering from his childhood. John was born in a town near Ávila in 1542. His father, Gonzalo, was from a wealthy merchant family (like Teresa of Ávila's father, probably of Jewish origin), who married a poor orphan girl named Catalina Álvarez. Gonzalo's family was appalled by the match and they disowned Gonzalo, who was forced to take up the economically unstable trade of his wife and become a weaver. Three sons came of the marriage, John being the youngest. Shortly after John was born, his father Gonzalo died, leaving Catalina to patch a life together as best she could for herself and her three young children. She moved from place to place plying her trade, eventually settling in the city of Medina del Campo. From his childhood on, John knew well what it meant to be poor, to go hungry and be poorly clothed, and to face the future without financial security. The experience did not make him bitter, but it gave him a deep compassion for the poor and suffering. It also toughened him; his later endurance of bodily austerities was learned in a hard school from a young age.

Catalina found that she could not support all her children; at the age of ten, John was boarded out at an orphanage, the Colegio de la Doctrina. John was an intelligent youth, deeply reserved, ardent but silent. During his teens he supported himself by working as a nurse in a large hospital, where he developed another quality that lasted to the end of his life: a ready sympathy for the sick. At the age of seventeen he attended the newly founded Jesuit College in Medina, where he remained for four years. At twenty-one he took the Carmelite habit under the name John of St. Matthew. He then spent three years at the University of Salamanca; at age twenty-five he was ordained a priest. It can be seen that John benefited from the new reforms that were making their way in the Church. He was given an excellent education by the Jesuits in the Christian humanist tradition, augmented at Salamanca under the influence of the humanist scholar Francisco de Vitoria, an education that emphasized firm knowledge of the Scriptures and the study of the Church Fathers. Salamanca was also home to a revival of the theology of Thomas Aquinas. These various influences—familiarity with the Scriptures, knowledge of the Fathers, appreciation of Thomas's theology, all brought into harmony in an atmosphere of prayer and sacrament—were evident in John's later work, along with a more humble delight in vernacular love songs learned among the weavers of his youth.

Unlike Teresa of Ávila, John was almost never autobiographical in his writings, so we have little detail concerning his early life. But it seems that he had settled on a vocation to the priesthood and to the contemplative life very early. He had always been a devout youth, and already during his university days at Salamanca, when not attending lectures he would study for long hours at his desk in his bare cell, refusing to join his companions in recreation or light conversation. He spent a large part of every night in prayer and was beginning to practice a severe ascetic regimen: he fasted rigorously and would whip himself to the point of drawing blood.

In 1567, the year he was ordained a priest, John met Teresa. Five years previously, Teresa had founded the Discalced Convent of St. Joseph, and she was now looking for likely priests of the order who could effect the same kind of reform among the friars. John was feeling drawn to a life of contemplation and austerity deeper than the Carmelites then offered and was thinking of joining the Carthusians. Teresa convinced him to stay with the Carmelites and to help her initiate a reform among the male branch. Teresa wrote to her sisters, "Thanks be to God, daughters, I have found a friar and a half to start the Reform with."[7] It was a remark with a vein of humor in it, because John might have seemed only half a friar. He was under five feet tall and slight in build. But he had the vivid intensity of a laser beam. "Though he is small of stature," Teresa wrote, "I believe he is great in the eyes of God. ... There is not a friar but speaks well of him for he leads a life of great penitence, though he entered upon it so recently. But the Lord seems to be leading him by the hand."[8] John's readiness to join the Discalced reform came with a characteristic condition: that he would not have to wait too long. As it happened, he did not have to wait long. He returned to Salamanca for one last year of study, and then in the fall of 1568 he went to Duruelo, where Teresa had secured a small dwelling. There he and one other friar began the first priory of the Discalced reform. He took the name John of the Cross.

During the next eight years, John was busy furthering the reform. Five of those years he spent as chaplain at the Convent of the Incarnation, where he was confessor to Teresa. This was the period of their closest collaboration. Teresa and John were not naturally sympathetic personalities. In addition to being twice his age, Teresa—that most human of saints—preferred a dash of charm and playful wit in those close to her, and John was quiet and very serious. But Teresa understood John's worth, and later insisted that she never

---

[7] Brenan, *St. John of the Cross*, 22.
[8] *Ibid*, 13, 23.

had so good a spiritual director. "I have sometimes been vexed with him," she wrote, "but we have never seen the least imperfection in him."[9] For John, the time with Teresa was one of gaining experience in pastoring souls and of a deepening life of prayer. While he could not have been called Teresa's student, he gained much from her example and from her experience of mystical contemplation.

Persecution

The story of the Carmelite reform is a tangled one, fraught with the confusion of overlapping jurisdictions and bedeviled by human weakness and imprudence. But it follows a pattern important to understand for the reform of the Church. It seems a rule that the stiffest opposition to the work of God comes, not from the unbelieving world, but from elements within the Church. At first sight this can seem anomalous; but in the light of God's preferred manner of saving the world it makes more sense. "The Lord has chosen Zion," sings the psalmist, "he has desired it for his habitation: 'This is my resting place for ever'" (Ps 132:13–14). Once God had initiated salvation history by gathering a people to himself who were to be salt and light to the world, that people and their history emerged as the center of the world's narrative, the unique stage upon which the human drama would be enacted. First the Chosen People of Israel and then the Christian Church became by necessity the main theater of spiritual warfare. Jesus's most difficult opponents were not the general populace, but the Pharisees and the chief priests; Paul was far more concerned about false teachers than about pagan unbelievers; and down the centuries the fiercest

---

[9] *Ibid*, 13.

battles that Christians have waged have been with other Church members, often involving bishops and members of religious orders. Efforts to renew the Church have been most strenuously opposed by factions within the Church itself. Teresa of Ávila once alluded to this reality: "The way of true religion is so little used that friars or nuns who begin truly to follow their calling have more to fear from members of their own communities than from all the devils."[10] For reform to take root there is always a need for the endurance of Christlike suffering by some of the Church's members at the hands of others within the Christian community. John of the Cross seemed set apart for just this purpose; he exemplifies what it means to be offered with Christ as a sacrificial victim for the renewal of the Church.

The storm that was gathering against the Discalced reform intensified in 1576 when Juan Bautista Rubeo, the same Carmelite general who had so warmly encouraged Teresa to make new foundations, suddenly turned against the reform and sought to end the growth and even the existence of Discalced friaries and convents, fearing that the reform was introducing deep divisions into the Carmelite order. This began a serious conflict, as the Carmelite general and his representatives took measures to curtail or to end the Discalced reform, while the papal nuncio, backed by the King of Spain, continued to support it. The struggle led to Teresa's "house arrest" at the Convent of the Incarnation. A decisive moment in the conflict came when the papal nuncio, a certain Nicolo Ormaneto who had been Charles Borromeo's vicar-general in Milan and an unfailing friend to the reform, died, and a new nuncio, Filippo Sega, who was dead set against reform,

---

[10] Teresa of Avila, *Autobiography*, 52.

was appointed. Sega had once referred to Teresa as "a restless gad-about, a disobedient and contumacious woman."[11] With Ormaneto's protection removed, the opponents of the Discalced reform grew bolder. Among various measures taken, they determined to act against John of the Cross, one of the first of the Discalced friars.

John had been living in a hermitage in Ávila with another Discalced friar in his capacity as confessor at the Convent of the Incarnation. He was now commanded by Carmelite authorities to return to his original monastery and to stop following the Discalced constitutions. Upon resisting this move, John and his friar companion were apprehended by a posse of Carmelite monks and armed men and were spirited away—where, no one knew. John was taken first to the priory in Ávila, where he was flogged. He was then taken by unfrequented roads in the middle of the night, blindfolded so he would not know where he was going, to the priory at Toledo. There he was brought before a tribunal and accused of insubordination for not obeying the order to leave his post as confessor at Ávila and for insisting on living according to the Discalced reform. He was told that if he submitted to the ruling of the tribunal, his offense would be overlooked, and he would be given a high office in the Carmelite order. Nonetheless, John remained firm, saying that he had no authority to leave his post since it had been assigned to him by the papal representative, and he had taken a vow to follow the Discalced constitutions—a vow that he was not free to break. The tribunal found him guilty of rebellion and contumacy, and he was condemned to imprisonment for as long as the general of the order might determine. As soon

[11] du Boulay, *Teresa of Avila*, 216.

as John had disappeared, Teresa had written to King Philip and to whatever influential bishops she knew, registering her anxiety about his situation. "I don't know how it is," she wrote, "that that saint is so unfortunate that no one remembers him."[12] But no one knew where John was, and nothing could be done.

For two months John was held in the prison cell of the priory. But for fear that he might escape the cell, the friars found a more secure spot. They imprisoned John in a small room, six by ten feet, that had previously been used as a closet. The room had a small slit high in the wall by which a little light could enter the cell. John could read his Office only by standing on a stool and holding his breviary above his head, and then only at the middle of the day. His bed was a board on the floor, covered by two old rugs. The room was freezing cold during the winter months when John was first captured. It then became swelteringly hot and stuffy as the summer months drew on. He was given no opportunity to wash and was allowed no change of clothing, and so was devoured by lice. His food consisted of a few scraps of bread and an occasional sardine, tossed on the floor of his cell. He soon contracted dysentery and grew afraid that the friars were attempting to poison him. John's bucket would purposely be left in his cell for days, creating such a stench that it made him vomit. His tunic, clotted with blood from beatings, began to putrefy, and worms bred in it. Never a person of vigorous health, this treatment over a period of many months made John weak and emaciated and brought him close to death.

On fast days John was brought to the refectory and made to kneel while the friars took their meal. An early biography

---

[12] Brenan, *St. John of the Cross*, 29.

based on firsthand accounts related the kind of admonish-
ment given him by the prior of the house on these occasions:

> If you wished to be good, what hindered you from remaining in
> an order that has produced so many friars who have been good
> and holy? But you, hypocrite, were not aiming at being a saint, but
> only at being thought one: not at the edification of the people but
> at the satisfaction of your own self-esteem. Look at him, brothers,
> this miserable, wretched little friar, scarcely good enough to be a
> convent porter! He seeks to reform others when what he needs is to
> reform himself. Now bare your shoulders: it is on them that we will
> write the rules of the new reform.[13]

Then each of the friars would strike him in turn with a cane.
John bore the punishment in silence, which seemed only to
aggravate his persecutors the more.

During this time of imprisonment John was held in
solitary confinement. He was allowed to speak to no one; the
one person he regularly saw, the friar who served as his jailor,
treated him with contempt. The friars would sometimes
converse outside his room with the purpose of allowing him
to overhear their talk. They would say to one another that the
prisoner would never be let out, and that all the Discalced
monks and nuns had abandoned both him and the reform.
All of this caused John great distress of mind.

After six months of this treatment, John experienced a
slight relief. A younger friar from a different priory became
his jailor, and he treated his prisoner with more compassion.
The new jailor found John a clean tunic and gave him a needle
and thread with which to mend his habit. He provided him
with pen and ink for writing, and an oil lamp by which he
could read his Office. He would sometimes leave the door of

---

[13] *Ibid*, 30–1.

the cell open to let in a bit of light and air. During these times John was able to get out of his cell and to better ascertain his whereabouts in the monastery.

For nine months John was made to endure this crucifixion of suffering and isolation. He came to think that he would never get out of his cell alive. Then, according to one account, he received a vision from the Virgin Mary telling him that he was soon to escape his time of imprisonment. Emboldened by the vision, he decided to make the attempt. The Carmelite priory was built against the city wall. He calculated that there was a place from which he could escape over the wall if he cut up the rugs in his cell and tied the strands together to make a long rope. On the night of August 14, the eve of the Feast of the Assumption, John made his rope and, having earlier loosened the screws of the prison door, opened his cell and slipped out past two sleeping friars. By the light of a full moon he tied his rope to a railing and slid down, jumping the remaining ten feet. He then found himself trapped in the enclosure of a Franciscan convent; but he found a place where the plaster had broken loose and so was able to climb the wall and get into the street. He was now lost in a city he did not know in the middle of the night. He took shelter in a house until morning, and then asked the way to the Discalced convent. He found it, rang the bell, and spoke to the extern sister. It was the first anyone had heard of him for almost a year.

Upon his arrival at the convent, John was so thin and sickly that he seemed an image of death. He could speak only in a whisper and could hardly stand. The nuns, knowing the danger he was in, took him inside their enclosure. When the friars at the Carmelite priory discovered his escape, as they soon did, they went ranging through the city looking for him. They came to the Discalced convent and searched the grounds, but they did not dare to enter the enclosure. The nuns were soon able to get John into the hands of a wealthy nobleman, a friend to the reform, who gave him protection and a place to recuperate.

John's indomitable spirit can be seen in his response to his new freedom. Among the first things he did upon entering the Discalced convent was to read to the sisters the poems he had written during his imprisonment. It is an astonishing scene: a scarecrow of a man, at death's door, famished, filthy, beaten to a pulp, and starved of human companionship, does not ask for food or drink or a safe haven. Instead he only wants to speak of the goodness and beauty of God; his keenest desire is to share his love for the One who came to him in the darkness, who revealed himself most clearly and alluringly in the midst of crucifixion.

John's Mystical Writings

After his escape from prison, John made his way to the south of Spain, to the friary of El Calvario. A short time later, once his health had been more or less restored, he was elected prior of the house. Nearby was a convent of Discalced nuns under the direction of one of the strongest personalities among Teresa's spiritual daughters, Ana de Jesús. Ana was on the lookout for a confessor for her sisters, and like many who encountered John, she was not at first impressed. She wrote to Teresa for advice on how to find a suitable priest for the position. Teresa wrote back: "It has really amused me, daughter, to see you complaining with so little reason when you have with you my Father Fray Juan de la Cruz, that divine and heavenly man. I assure you, my daughter, that since he left these parts

I have not found another like him in the whole of Castile, nor one who inspires souls with such fervor on their journey to heaven."[14] Ana took Teresa's advice and enlisted John as confessor. It was a happy decision, since it was in caring for the nuns at this convent of Beas and explaining to them the principles of contemplative prayer that John wrote the best known of his prose works, *The Ascent of Mount Carmel* and *The Dark Night of the Soul.*

John's teaching on the mystical life can be best understood as the outworking of a passionate relationship of love. When he tried to communicate the sources of his spiritual vision, he could only express his ideas fully in love poetry modeled on the biblical Song of Songs. Even in his prose works he began with poetry; the whole of his lengthy volumes are extensive explanations of what the poetry means. Yet there is nothing sappy or sentimental in John's way of love. The road he mapped out could be intimidating in its relentless determination to allow nothing to get in the way of that highest of loves. "Set me as a seal upon your heart, as a seal upon your arm; for love is strong as death, jealousy is cruel as the grave. Its flashes are flashes of fire, a most vehement flame" (Sg 8:6). These verses point to the kind of love one meets in the writings of John: a love as strong as death, a flame of consuming fire, a jealousy that will brook no rival. Yet John himself was a very gentle soul, and he handled his spiritual charges with great sensitivity. "The holier a man is," he once wrote, "the gentler he is and the less scandalized by the faults of others, because he knows the weak condition of man."[15]

---

[14] *Ibid*, 44.
[15] *Ibid*, 24.

One of John's most potent images for describing the purifying effects of God's love was his extended comparison of the soul with a log of wood in a hot fire.

> Fire, when applied to wood, first dehumidifies it, dispelling all moisture and making it give off any water it contains. Then it gradually turns the wood black, makes it dark and ugly, and even causes it to emit a bad odor. By drying out the wood, the fire brings to light and expels all those ugly and dark accidents which are contrary to fire. Finally, by heating and enkindling it from without, the fire transforms the wood into itself and makes it as beautiful as it is itself.[16]

According to John, a similar process occurred when the fire of divine love began to enkindle the soul.

> Before transforming the soul, [divine love] purges it of all contrary qualities. It produces blackness and darkness and brings to the fore the soul's ugliness; thus the soul seems worse than before and unsightly and abominable. This divine purge stirs up all the foul and vicious humors of which the soul was never before aware; never did it realize there was so much evil in itself, since these humors were so deeply rooted.[17]

This experience of purification could be very painful; it was an aspect of what John called the "dark night." But the point of the purgation was to allow the fullness of divine love to take full possession of the soul. This was why John called this night not only dark, but also "more desirable than the dawn." John then went on to describe the effects of the dark night:

> God makes the soul die to all that He is not, so that when it is stripped and flayed of its old skin, He may clothe it anew. Its youth

---

[16] John of the Cross, *The Dark Night of the Soul,* in *The Collected Works,* 350.
[17] *Ibid.*

is renewed like the eagle's, clothed in the new man. This renovation is an illumination of the human intellect with supernatural light so that it becomes divine, united with the divine; an informing of the will with love of God so that it is no longer less than divine and loves in no other way than divinely, united and made one with the divine will and love. And thus this soul will be a soul of heaven, more divine than human.[18]

This possibility of becoming a "partaker of the divine nature" (2 Pt 1:4) was the dizzyingly high vision that had captured John of the Cross, and upon which he focused the whole of his formidable energy of mind and soul. Something of that vision is caught in John's poem, "A Quarry of Love":

> *Bent on an enterprise of love,*
> *And not in lack of hope,*
> *I flew so high, so high above*
> *I caught my quarry on the wing.*
> *As I rose to the higher reaches,*
> *Dazzled, blinded was my vision,*
> *And in an utter darkness won*
> *The hardest of my victories;*
> *I took a blind, unknowing plunge*
> *Because the venture was for love,*
> *And went so high, so high above*
> *I caught my quarry on the wing.*[19]

John's Last Days

The last days of John of the Cross were in keeping with the cruciform shape of his life. John seldom reported anything of his own mystical experiences; but once he related to his

---

18 *Ibid*, 361.
19 Brenan, 175.

brother an encounter with Christ. One evening as he was praying before the cross, Christ had spoken to him, saying: "Fray Juan, ask what favor you will of me and I will grant it in return for the services you have done me." To this John replied: "Lord make me to suffer and be despised for your sake."[20] John's prayer of love for his crucified Lord was heard and answered.

By 1588 the Discalced reform had gained a measure of independence, and its existence and growth were now secured. Teresa had gone to her reward, and John had continued the work of founding new houses and of acting as a beloved prior and spiritual director to many in the reform. The new Discalced congregation now elected Nicolas Doria, of the powerful Genoese family, as its first vicar-general. Doria was a strong personality who came to his post with many innovations in mind, including a desire to centralize the government of the Discalced congregations. When John spoke up for what many considered the essence of the Discalced reform as it had been pioneered by Teresa, he ran afoul of the new vicar-general, who determined to marginalize him and if possible to disgrace him. In 1591 John was stripped of whatever responsibilities he had held and was sent to an isolated and distant friary at a place called La Peñuela. When some among his brothers urged him to lodge protests against this unfair treatment, he refused to defend himself. While at La Peñuela he soon caught a fever, and he died even as his enemies were gathering libelous testimonies against him, hoping to report him to the Inquisition. He was not yet fifty years old. Moved by love to the last, on his deathbed John asked one of his Carmelite brothers to read him verses out

[20] *Ibid*, 66.

of the Song of Songs. The time had come for the exile to go home; the day had arrived for the eager lover to embrace in its fullness what he had so ardently desired and so zealously pursued through the course of his life.

Entrádose ha la Esposa
En el ameno huerto deseado,
Y a su sabor reposa
El cuello reclinado
sobre los dulces brazos del Amado.

She has entered in, the Bride,
To the long desired and pleasant garden,
And at her ease she lies,
Her neck reclined
To rest upon the Loved One's gentle arms.

(from "Spiritual Canticle")[21]

---

[21] *Ibid*, 214.

Afterword

It was December of the year 1531. The previous fifteen years had sent seismic shocks through the Church and European society. Under Luther in Germany and Zwingli in Switzerland, the Protestant Reformation was unsettling long-standing ideas and putting the unity of the Church at risk. Thomas More was about to resign his chancellorship in England under the pressure of Henry's Act of Succession. Rome had been devastated a few years earlier by imperial armies, and Vienna was about to endure its second siege by the armies of Suleiman, the invading Turkish sultan. Ignatius Loyola and John Calvin were at the University of Paris, unknown to each other, their plans still germinating. Spain had conquered the Aztec Empire ten years earlier and was securing its new American possessions.

In the midst of these powerful personalities and earth-shaking events, a native of Mexico, a simple man who had been baptized seven years earlier and received the name Juan Diego, experienced something strange and wonderful as he was walking in an out-of-the-way place by the hill of Tepeyac. He heard music and singing coming from the top of the hill, and then heard his name called. He ascended the hill, and there was greeted by the vision of a beautiful woman who identified herself as Mary, the Mother of God. This was the beginning of the famous story of the Virgin of Guadalupe—the Blessed Mother who came as a mestiza princess, who spoke both Nahuatl and Spanish, and who imprinted her image on the *tilma* of Juan Diego. The apparition, and Juan Diego's faithfulness to the Virgin's message, opened the floodgates of conversion and laid the foundation of the Mexican church. Within fifteen years, some nine million native Mexicans had been baptized. It was a monumental step in the renewal and growth of the Church and caught the imagination, not only of Mexico but also of Europe; the image of Guadalupe was flying from the masthead of the Genoese captain Andrea Doria's flagship at the battle of Lepanto.

A great deal might be said about the significance of Our Lady of Guadalupe in the history of the Church and the world. For this discussion, it is important to note that the one who was evangelizing and renewing the Church's life was the Blessed Virgin herself. It is a reminder about where the initiative lies in all matters of Church governance and growth. The Church belongs to Christ; it is his Body, and he rules it according to his wisdom and his plans. God has dignified humanity by allowing us to participate in his life and mission. But our part is always subordinate to his and is effective only when it is ruled by his initiative. All the energy of the greatest saints would count for nothing if it were not expended in cooperation with the action of Christ.

G.K. Chesterton once wrote:

The faith has not only often died but it has often died of old age. It has not only been often killed but it has often died a natural death; in the sense of coming to a natural and necessary end. It is obvious that it has survived the most savage and the most universal persecutions from the shock of the Diocletian fury to the shock of the French Revolution. But it has a more strange and even a more weird tenacity; it has survived not only war but peace. It has not only died often but degenerated often and decayed often; it has survived its own weakness and even its own surrender.... It was supposed to have been withered up at last in the dry light of the Age of Reason; it was supposed to have disappeared ultimately in the earthquake of the Age of Revolution. Science explained it away; and it was still there. History disinterred it in the past; and it appeared suddenly in the future. Today it stands once more in our path; and even as we watch it, it grows.[1]

The "weird tenacity" that Chesterton writes of touches on the Church's dual nature. The human aspect of the Church is subject to all the failings and weaknesses of a fallen humanity. If we look only at that human side of things we can be fooled into thinking that they exhaust the Church's hopes and resources. But because the heart of the Church is in Heaven, because the Church's most potent membership is already perfected in the presence of God, because though she is an ancient society the Church is also the newest thing on the face of the earth by the presence of the Holy Spirit within her, it becomes clear that supernatural reform and revival are natural to her life. The reform of the sixteenth century, spurred by an array of exceptional personalities, was an impressive example of this process, of divine initiative enlisting the cooperation of willing men and women—saints— for the regeneration of the Church's life. So it was then; so it is now. The last hundred years or so have seen yet another array of remarkable saints: Padre Pio and Mother Teresa; Maximilian Kolbe and Teresa Benedicta of the Cross; Pius X, John XXIII, and John Paul II; Faustina Kowalska and Thérèse of Lisieux.

[1] G.K. Chesterton, *The Everlasting Man*, Part 2, Ch. 6.

Their lives and example, along with many others, are indicators of the continuing heavenly initiative taken by Christ as he cares for his Body. They also make clear the lines along which the reform and renewal of the Church in our day will proceed. It is once again the saints who provide the key to understanding the work of God in our time. As we imitate the saints in their imitation of Christ, we can once again expect the regenerating life of the Holy Spirit to renew and reform the Church.

TAKE A PILGRIMAGE

WITH SIX HEROES OF THE CATHOLIC REFORMATION

In this 6-part video series, learn about the leaders who led the Church's rebirth from the ashes of confusion caused by the Protestant Reformation.

The saints of the Catholic Reformation show us just how powerful—and beautiful—is the human heart's free response to God's generous grace.

Learn more at AugustineInstitute.org/reformers
or call (866) 767-3155

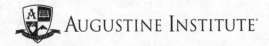

FORMED®
THE CATHOLIC FAITH. ON DEMAND.

Discover the site that gathers more Catholic content in one place.

One convenient website
Save the time you used to spend searching and find the Catholic content you want. On demand and available when you are.

High quality

You'll always find beautiful, trustworthy, Catholic content.

New and updated regularly
Discover new and fresh materials every week.

More choices

Easily choose from a wide range of content options: movies, ebooks, audio talks, and video studies.

Go to formed.org for a free trial!